Annette Treibel

Die Soziologie von Norbert Elias

Hermann Korte in Verbundenheit

Hagener Studientexte zur Soziologie

Herausgeber:
Heinz Abels, Werner Fuchs-Heinritz
Wieland Jäger, Uwe Schimank

Die Reihe „Hagener Studientexte zur Soziologie" will eine größere Öffentlichkeit für Themen, Theorien und Perspektiven der Soziologie interessieren. Die Reihe ist dem Anspruch und der langen Erfahrung der Soziologie an der FernUniversität Hagen verpflichtet. Der Anspruch ist, sowohl in soziologische Fragestellungen einzuführen als auch differenzierte Diskussionen zusammenzufassen. In jedem Fall soll dabei die Breite des Spektrums der soziologischen Diskussion in Deutschland und darüber hinaus repräsentiert werden. Die meisten Studientexte sind über viele Jahre in der Lehre erprobt. Alle Studientexte sind so konzipiert, dass sie mit einer verständlichen Sprache und mit einer unaufdringlichen, aber lenkenden Didaktik zum eigenen Studium anregen und für eine wissenschaftliche Weiterbildung auch außerhalb einer Hochschule motivieren.

Annette Treibel

Die Soziologie von Norbert Elias

Eine Einführung in ihre
Geschichte, Systematik
und Perspektiven

VS VERLAG FÜR SOZIALWISSENSCHAFTEN

Bibliografische Information der Deutschen Nationalbibliothek
Die Deutsche Nationalbibliothek verzeichnet diese Publikation in der
Deutschen Nationalbibliografie; detaillierte bibliografische Daten sind im Internet über
<http://dnb.d-nb.de> abrufbar.

1. Auflage 2008

Alle Rechte vorbehalten
© VS Verlag für Sozialwissenschaften | GWV Fachverlage GmbH, Wiesbaden 2008

Lektorat: Frank Engelhardt

VS Verlag für Sozialwissenschaften ist Teil der Fachverlagsgruppe
Springer Science+Business Media.
www.vs-verlag.de

Das Werk einschließlich aller seiner Teile ist urheberrechtlich geschützt. Jede Verwertung außerhalb der engen Grenzen des Urheberrechtsgesetzes ist ohne Zustimmung des Verlags unzulässig und strafbar. Das gilt insbesondere für Vervielfältigungen, Übersetzungen, Mikroverfilmungen und die Einspeicherung und Verarbeitung in elektronischen Systemen.

Die Wiedergabe von Gebrauchsnamen, Handelsnamen, Warenbezeichnungen usw. in diesem Werk berechtigt auch ohne besondere Kennzeichnung nicht zu der Annahme, dass solche Namen im Sinne der Warenzeichen- und Markenschutz-Gesetzgebung als frei zu betrachten wären und daher von jedermann benutzt werden dürften.

Umschlaggestaltung: KünkelLopka Medienentwicklung, Heidelberg
Druck und buchbinderische Verarbeitung: Krips b.v., Meppel
Gedruckt auf säurefreiem und chlorfrei gebleichtem Papier
Printed in the Netherlands

ISBN 978-3-531-16081-8

Inhaltsverzeichnis

Vorbemerkung 7

1   Norbert Elias – Stationen der Biografie und der Rezeption 9

2   Die *Ordnung des Wandels* – Elias' Leitmotive und soziologiegeschichtlicher Ort.. 15

    2.1   Leitmotive der Gedankenarbeit von Norbert Elias 17
    2.1.1   Interdependenzen und relative Autonomie................................. 17
    2.1.2   Psycho- und Soziogenese im Zivilisationsprozess...................... 18
    2.1.3   Das Gewordensein von Begriffen 20
    2.1.4   Die Langfristigkeit sozialer Prozesse 21
    2.1.5   Menschen als Prozesse 22
    2.1.6   Figurationen in Bewegung 23
    2.1.7   Macht- und Anerkennungskämpfe in Wissenschaft und Gesellschaft 24
    2.1.8   Menschenwissenschaftliches Denken im Plural 26
    2.2   Elias im Kontext der Geschichte der Soziologie......................... 28

3   Theorie und Geschichte der Menschenwissenschaften 35

    3.1   Soziologie als Orientierungsmittel 35
    3.2   Engagement und Distanzierung.. 38
    3.3   ,Natur' und ,Zeit' – Sprache als Symbolmittel 42

4   Zivilisation 49

    4.1   Untersuchung und Begriff der Zivilisation 50
    4.2   Gesellschaftliche Stärke, Monopole und Königsmechanismus ... 55

	4.3	Der gesellschaftliche Zwang zum Selbstzwang 58
	4.4	Zivilisation, Entzivilisierung und Barbarei 64
	4.5	Fußball und Zivilisation: Das Beispiel Zidane 67
5	**Figurationen** 69	
	5.1	Der Begriff der Figuration 69
	5.2	Figurationswandel und Machtbalancen 73
	5.3	Etablierte und Außenseiter 79
6	**Soziale Prozesse** 87	
	6.1	Ungeplante und langfristige Prozesse 87
	6.2	Individualisierung als Ich-Wir-Balance 89
7	**Aktualität und Weiterentwicklung der Soziologie von Norbert Elias** 95	
8	**Literaturverzeichnis** 103	
	8.1	Schriften von Norbert Elias 103
	8.2	Veröffentlichungen von Elias gemeinsam mit anderen Autoren 106
	8.3	Weitere Literatur und Sekundärliteratur 106
	8.4	Weitere Hinweise 113

Vorbemerkung

Eine erste Fassung dieses Textes erschien als Kurseinheit der Fakultät für Kultur- und Sozialwissenschaften an der FernUniversität Hagen (2007/2008). Werner Fuchs-Heinritz danke ich für den Anstoß, diese Einführung zu verfassen und Frank Engelhardt sowie Cori Mackrodt für die Unterstützung der Buchpublikation. Bei den Herausgebern der *Hagener Studientexte zur Soziologie* bedanke ich mich für die Aufnahme des Textes in ihre Reihe. Mein besonderer Dank gilt den Studierenden der Lehrveranstaltung „Arbeit mit Theorien. Das Beispiel von Norbert Elias" des Wintersemesters 2007/08 an der Pädagogischen Hochschule Karlsruhe für anregende Diskussionen über die ursprüngliche Fassung.

Mein Text über die Soziologie von Norbert Elias ist aus langjähriger Zusammenarbeit mit vielen Menschen heraus entstanden. Der Eliassche Begriff der *Figurationen* ist sehr gut geeignet, diese Verbindungen zu charakterisieren. In dieser ‚Elias-Figuration' ist zuallererst Hermann Korte zu nennen, durch den ich nicht nur Elias' Schriften, sondern Norbert Elias persönlich kennen gelernt habe. Deshalb ist Hermann Korte dieses Buch in Verbundenheit gewidmet.

Herzlich danken will ich meinen Freunden Reinhard Blomert und Helmut Kuzmics, mit denen mich zahlreiche gemeinsame Projekte, Publikationen und die Arbeit an der Figurationen-Reihe im VS-Verlag verbinden. Eine große Strecke habe ich gemeinsam mit den anderen Mitgliedern des *Editorial Board* zur Herausgabe der Gesammelten Schriften von Norbert Elias im Suhrkamp Verlag zurückgelegt. Die Konzeption der Ausgabe und die intensive Arbeit an den einzelnen Bänden über mehr als zehn Jahre hinweg mit Reinhard Blomert, Heike Hammer, Johan Heilbron und Nico Wilterdink haben mir neue Perspektiven auf die Soziologie von Elias eröffnet. In der Abstimmung mit der *Norbert Elias Stichting Amsterdam* als Auftraggeberin der Edition waren die Gespräche mit Johan Goudsblom, Hermann Korte und Stephen Mennell sehr fruchtbar für mich. Jan-Peter Kunze als geschäftsführender Koordinator sowie Detlef Bremecke, Astrid Gleichert, Stefanie Hortmann, Inken Hasselbusch und Hannah Zeuner als Mitarbeiterinnen haben die Editionsarbeit praktisch umgesetzt. Ihnen sei herzlich für die tatkräftige Kooperation gedankt. Für inspirierende Hinweise danke ich Jörg Hackeschmidt, Elcin Kürsat-Ahlers, Gerhard Fröhlich, Gerald Mozetic, Peter-Ulrich Merz-Benz, Ingo Mörth und Cas Wouters. Wertvolle Anregungen zu Elias habe ich durch die Gespräche und Zusammenarbeit mit Kenneth Anders, Eric Dunning, Stefanie Ernst, Gabriele Klein, Oliver König, Claudia Opitz, Thomas Salumets, Bernhard Schäfers und Hans-Peter Waldhoff gewonnen. Ihnen allen herzlichen Dank.

Figurationen sind nichts Abgeschlossenes: Über Hinweise, Kritik und Kommentare zu diesem Buch freue ich mich und hoffe, dass die Leserinnen und Leser vom hier eröffneten Zugang zum Werk eines großen Soziologen ebenso profitieren wie die Autorin.

Karlsruhe, Juli 2008 Annette Treibel

1 Norbert Elias – Stationen der Biografie und der Rezeption

Norbert Elias, der deutsch-jüdische Soziologe, wurde am 22. Juni 1897 in Breslau geboren und starb am 1. August 1990 in Amsterdam. Seine Lebenszeit umfasst nahezu das gesamte 20. Jahrhundert und die Umbrüche seiner Biografie sind mit den politischen Verwerfungen dieser Phase der Geschichte eng verflochten. Für eine knappe Orientierung seien die großen Linien des Lebens von Elias kurz skizziert, bevor dann auf die Rezeption eingegangen wird.

Noch als Gymnasiast in seiner Geburtsstadt Breslau wurde Elias zum Militär einberufen und 1915 an der Westfront eingesetzt. Nach dem Ersten Weltkrieg, der ihn nach eigenen Aussagen fundamental erschüttert hat, studierte er von 1918 an zunächst Medizin und Philosophie, seit 1919 dann nur noch Philosophie. Seine Breslauer Zeit war stark durch sein Engagement und seine Kontakte in der jüdischen Jugendbewegung bestimmt.[1] Außer in Breslau studierte Elias jeweils ein Semester in Heidelberg und eines in Freiburg. Von 1922 bis 1924 übernahm Elias eine Tätigkeit in der Industrie. 1924 schloss er nach einigen Querelen mit seinem Lehrer Richard Hönigswald sein Promotionsverfahren ab. Anschließend wechselte er sowohl den Ort als auch das Fach: von Breslau nach Heidelberg, von der Philosophie zur Soziologie. Von 1925 bis 1929/30 war Elias Habilitand bei Alfred Weber in Heidelberg und von 1930 bis 1933 Assistent bei Karl Mannheim in Frankfurt am Main. Er konnte jedoch das Habilitationsverfahren nicht mehr abschließen und emigrierte 1933 über die Schweiz nach Paris, 1935 nach England. Dort war er als Gruppentherapeut tätig und verfasste seine Studie „Über den Prozeß der Zivilisation." 1940 starb sein Vater Hermann in Breslau. Seine Mutter Sophie wurde, vermutlich im Jahr 1941, in Auschwitz umgebracht.

Im Jahr 1954, im Alter von 57 Jahren, erhielt Elias erstmalig eine Dozentenstelle für Soziologie, und zwar an der Universität Leicester. Von 1962 bis 1964 übernahm er eine befristete Professur für Soziologie an der Universität von

---

1   Die Studie von Jörg Hackeschmidt (1997) zeigt eindrücklich, wie Elias in den frühen 1920er Jahren in dieser Jugendbewegung „deutsch-jüdischer Bürgerkinder", die sich als intellektuelle Avantgarde empfand und heftige Auseinandersetzungen um ihre „'bündischen' Utopien und generationsspezifischen Hoffnungen" führte, agiert hat.

Ghana in Accra. 1979 bis 1984 war Elias am Zentrum für Interdisziplinäre Forschung der Universität Bielefeld tätig. Danach ließ er sich in Amsterdam nieder, wo er 1990 starb. Alleine in seinem letzten Lebensjahrzehnt veröffentlichte er, mittlerweile durch ein Netzwerk von Schülern und Assistenten unterstützt, sieben neue Monografien.[2]

Für Details zur Biografie und zum Zusammenhang von Werk und Biografie seien die beiden folgenden Veröffentlichungen empfohlen: Band 17 der Gesammelten Schriften, „Autobiographisches und Interviews" (Autobiographisches 2005) und die Biografie von Hermann Korte zu „Norbert Elias. Vom Werden eines Menschenwissenschaftlers" (Korte 1997). Als *Überblicksartikel* über *Biografie, Werk und Rezeption* sei, ebenfalls von Hermann Korte, auf den Beitrag im Handbuch von Dirk Kaesler zu den Klassikern der Soziologie hingewiesen (vgl. Korte 1999). Dem Band „Autobiographisches und Interviews" ist eine CD mit einem Ausschnitt aus einem Interview beigefügt, das die WDR-Journalistin Carmen Thomas Anfang der 1980er Jahre in Bielefeld mit Elias führte. In dem Ausschnitt geht es vor allem um die Erlebnisse von Elias im Ersten Weltkrieg. Zur möglicherweise überschätzten Bedeutung von Erstem Weltkrieg und Nationalsozialismus für Elias vgl. Korte 2005, 92f.. Einen prägnanten *Überblick* über die *Soziologie von Elias* bietet der Artikel von Heike Hammer (Hammer 1997).

Der Weg von Norbert Elias in die Soziologie war langwierig und mühsam, gleichzeitig jedoch sehr zielstrebig.[3] Seine Karriere im Sinne wachsender wissenschaftlicher und öffentlicher Resonanz begann in einem Lebensalter, in dem sich andere längst im Ruhestand befinden. Die Initialzündung hierfür war die Verleihung des Adorno-Preises der Stadt Frankfurt am Main für sein Lebenswerk (vgl. Reden Adorno-Preis 1977) im Jahr 1977[4], also im Jahr seines 80. Geburtstages. Elias war der erste Preisträger dieses Preises. Im Jahr 1988 erhielt Elias für „Die Gesellschaft der Individuen" den Amalfi-Preis, den in jenem Jahr erstmalig verliehenen europäischen Soziologiepreis (vgl. Sontheimer 1988). Zwischen 1980 und 1990, in seinem letzten Lebensjahrzehnt, erfuhr Elias eine wachsende Aufmerksamkeit und Zustimmung. Er war kein Außenseiter mehr, sondern in Öffentlichkeit, Publizistik und Wissenschaft etabliert.

---

2 Die Edition dieser Arbeiten wurde durch die Fritz-Thyssen-Stiftung unterstützt.
3 In den „Notizen zum Lebenslauf" schreibt Elias: „Ich wußte, daß ich Glück mit mir hatte. Die Arbeit war für mich nie ganz leicht, aber ich hatte Ausdauer, ich ließ nie los" (Lebenslauf 1984/2005, 23). Für einen breiteren Zugang zu Elias vgl. auch seine literarische Arbeit in ‚Gedichte und Sprüche' (Gedichte 2004).
4 Der zeitliche Kontext des ‚Deutschen Herbstes' (Rote Armee Fraktion, Schleyer-Entführung, Selbstmorde in Stammheim) und die emotional und politisch aufgeladene Atmosphäre sind in der Rede von Elias deutlich spürbar (vgl. Adorno-Rede 1977/2006).

Das bekannteste Werk von Norbert Elias ist die zweibändige Monographie „Über den Prozeß der Zivilisation" (Über den Prozeß 1939/1997). Diese monumentale Studie hat er in den 1930er Jahren im englischen Exil verfasst. 1939, zwei Jahre, bevor seine Mutter Sophie Elias, geb. Galevski, 1941 in Auschwitz umgebracht wurde, war Elias' Studie – noch mit Unterstützung seines Vaters – im Schweizer Verlag Francke erschienen (s. Kap. 4). Erst mit der Taschenbuchausgabe 1976 im Suhrkamp-Verlag wurde sie einige Jahrzehnte später von einer breiteren Fach- und Medienöffentlichkeit entdeckt und ist heute sowohl das berühmteste Buch von Elias als auch eines der am stärksten rezipierten Werke der Soziologie überhaupt.

Im Jahr 1998 wurde „Über den Prozeß der Zivilisation" auf der ISA-Liste der zehn wichtigsten soziologischen klassischen Werke des 20. Jahrhunderts platziert. Ergebnis einer entsprechenden Befragung der ISA (*International Sociological Association*) unter ihren Mitgliedern war folgende Reihung: 1. Weber „Wirtschaft und Gesellschaft", 2. Mills „Kritik der soziologischen Denkweise", 3. Merton „Social Theory and Social Structure", 4. Weber „Die protestantische Ethik und der Geist des Kapitalismus", 5. Berger/Luckmann „Die gesellschaftliche Konstruktion der Wirklichkeit", 6. Bourdieu „Die feinen Unterschiede", 7. Elias „Über den Prozeß der Zivilisation", 8. Habermas „Theorie des kommunikativen Handelns", 9. Parsons „The Structure of Social Action" und 10. Goffman „Wir alle spielen Theater".

Trotz der zeitlichen Nähe und der persönlichen Betroffenheit durch den Nationalsozialismus enthält „Über den Prozeß der Zivilisation" an keiner einzigen Stelle, auch nicht in dem umfangreichen theoretischen Substrat „Entwurf zu einer Theorie der Zivilisation", einen Verweis darauf. Dies geschah offenbar ganz bewusst, wie Hermann Korte feststellt:

> „Nicht, daß er sich der Kontextualität seiner eigenen Biographie nicht bewußt gewesen wäre, ganz im Gegenteil. So fiel der explosive Ausbruch, der Europa in den dunkelsten Jahren seiner Geschichte erschütterte, mit der Publikation seines Hauptwerks ‚Über den Prozeß der Zivilisation' zusammen und prägte nachhaltig seinen weiteren Lebensweg. Es gelang ihm jedoch, sich von einer ichzentrierten Perspektive zu distanzieren, die nur zu logisch und verständlich gewesen wäre. Er blieb zu seinen eigenen Wünschen ebenso auf Distanz wie zum wunschgeleiteten Denken in den Sozialwissenschaften" (Korte 1993, 54).

Mit der wachsenden Anerkennung, die Elias erfuhr, und der zeitlichen Distanz zum NS-Regime nahm die Häufigkeit politischer Kommentare von seiner Seite zu, wie die zahlreichen Interviews und Gespräche der 1980er Jahre dokumentieren; eine Auswahl findet sich in Band 17 der Gesammelten Schriften „Autobiographisches und Interviews" (Autobiographisches 2005).[5]

Die wissenschaftlichen Werke von Norbert Elias erschienen in einer ungewöhnlich großen Spanne zwischen den 1920er und 1990er Jahren.[6] Neben den Prozessbänden (Über den Prozeß 1939/1997) werden in der Soziologie vor allem seine Habilitationsschrift über „Die Höfische Gesellschaft" (Höfische Gesellschaft 1969/2002), die mit John L. Scotson verfasste Studie „Etablierte und Außenseiter" (Etablierte und Außenseiter 1965/2002), seine wissenschaftstheoretische Reflexion über „Engagement und Distanzierung" (Engagement und Distanzierung 1983/2003) und der Band „Was ist Soziologie?" (Soziologie 1970/2006) rezipiert. Einem breiteren Publikum sind darüber hinaus seine Betrachtung „Über die Einsamkeit der Sterbenden in unseren Tagen" (Einsamkeit 1982/2002), das „Mozart"-Buch (Mozart 1991/2005) oder seine sportsoziologischen Untersuchungen (mit Schwerpunkt Fußball) bekannt. Über einige Zeit stark beachtet wurde angesichts der zeitgeschichtlichen ‚Passung' mit dem Fall des Eisernen Vorhangs der posthum erschienene Band „Studien über die Deutschen" (Studien Deutsche 1989/2005). Hier schließt sich der Kreis der Zivilisationstheorie, wenn Elias den Nationalsozialismus und die Judenvernichtung als „Zusammenbruch der Zivilisation" thematisiert, was in den 1930er Jahren in dieser Tragweite weder absehbar noch vorstellbar gewesen war.

Elias' Arbeiten werden in der Soziologie, den Kulturwissenschaften, in der Geschichtswissenschaft, der Psychologie und Psychoanalyse, der Anthropologie, der Erziehungswissenschaft, der sozialwissenschaftlichen Geschlechterforschung und der Literaturwissenschaft rezipiert. Von den unterschiedlichen Rezeptionssträngen geben etliche Sammelbände Auskunft, von denen hier vor allem die deutschsprachigen vorgestellt werden sollen.

Die Initialzündung für die deutsche Elias-Rezeption erfolgt durch die beiden Materialienbände, die die Elias-Schüler Peter Gleichmann, Johan Gouds-

---

5   An dieser Stelle sei darauf hingewiesen, dass im Herbst 2006 die letzten Textbände der insgesamt 19bändigen Elias-Edition beim Suhrkamp-Verlag erschienen sind. Mit Erscheinen des Gesamt-Register-Bandes (2008/9) liegen die „Gesammelten Schriften" von Elias dann vollständig vor. Derzeit sind die niederländische und die englische Edition in Arbeit. – Die Zitate und Verweise auf Texte von Norbert Elias beziehen sich grundsätzlich auf die Gesammelten Schriften.

6   In den chronologisch aufgebauten Aufsatz-Bänden (vgl. Aufsätze I, II, III 2006) ist diese Spanne unmittelbar nachzuvollziehen. Der erste Text in Band 1 stammt aus dem Jahr 1921 (vgl. Sehen in der Natur 1921/2002) und der letzte Text aus dem Jahr 1990 (vgl. Furcht vor dem Tod 1990/2006). In jenem Jahr starb Elias 93-jährig in Amsterdam.

blom und Hermann Korte herausgegeben haben.[7] Der erste Band erscheint unter dem Titel „Materialen zu Elias' Zivilisationstheorie" (Gleichmann/Goudsblom/ Korte 1979) und versammelt Beiträge zur Elias-Rezeption, zu Interpretationen und empirischen Umsetzungen der Zivilisationstheorie. 1984 erscheint der zweite Band unter dem Titel „Macht und Zivilisation" (Gleichmann/Goudsblom/ Korte 1984), in dem u.a. Beiträge zur Staatsbildung, zum Wohlfahrtsstaat und zur Kritik am Zivilisationsbegriff vertreten sind. Während der 1980er und 1990er Jahre erhält die Elias-Forschung einen starken Schub. Eine zentrale Veröffentlichung dieser Zeit ist „Der unendliche Prozeß der Zivilisation. Zur Kultursoziologie der Moderne nach Norbert Elias" (Kuzmics/Mörth 1991). Die Aufmerksamkeit für das Werk von Elias wird durch seinen Tod im Jahr 1990 und durch unterschiedliche Konferenzen anlässlich des 100. Geburtstags im Jahr 1997 erhöht (vgl. etwa Salumets 2001). In den Bänden „Gesellschaftliche Prozesse und individuelle Praxis" (Korte 1990), „Norbert Elias und die Menschenwissenschaften" (Rehberg 1996) und „Zivilisationstheorie in der Bilanz" (Treibel/Kuzmics/Blomert 2000)[8] sind vor allem sozialwissenschaftliche Beiträge versammelt. Die Autorinnen und Autoren beschäftigen sich mit unterschiedlichen Anwendungsfeldern wie der Stadtsoziologie, der Ausländer- bzw. Migrationsforschung, vergleichen Elias mit weiteren Theoretikern oder gehen auf die Rezeption in unterschiedlichen Kontexten ein. Der Band „Zivilisierung des weiblichen Ich" (Klein/ Liebsch 1997) dokumentiert die intensive Diskussion innerhalb der Geschlechterforschung zu und über Elias.

Der Band von Opitz (2005) repräsentiert den neueren Forschungsstand zur Thematik „Höfische Gesellschaft und Zivilisationsprozeß" aus Sicht der Geschichtswissenschaft. Bereits aus dem Jahr 1982 stammt die einschlägige Arbeit des Literaturwissenschaftlers Reiner Wild über „Literatur im Prozess der Zivilisation" (Wild 1982).

Elias ist insbesondere in Deutschland, Österreich, der Schweiz, den Niederlanden, Frankreich, Großbritannien, verschiedenen Ländern des lateinamerikanischen Kontinents, Australien und den USA präsent.[9] Einen guten Überblick über die aktuelle internationale Rezeption gibt der Newsletter ‚Figurations' (s. Abschnitt 8.2).

---

7   Diese Soziologen haben auch in alleiniger Autorschaft und in anderen Konstellationen zahlreiche Publikationen verfasst (s. Abschnitt 9.2).
8   Dieser Band dokumentiert neben den Konferenzbeiträgen auch die großen Feuilleton-Berichte zum 100. Geburtstag von Elias.
9   Für den anglo-amerikanischen Raum liegen seit den 1990er Jahren mehrere Reader und Kompendien zu Elias vor (z.B. Mennell/Goudsblom 1998).

An dieser Stelle kann auf neuere Entwicklungen der Rezeption nur exemplarisch eingegangen werden: Von den jüngeren Soziologen mit internationaler Ausstrahlung, die sich ausdrücklich an Elias orientieren, sei Jean-Claude Kaufmann genannt. In seiner Studie „Frauenkörper – Männerblicke" (Kaufmann 1996) analysiert er die ungeschriebenen Gesetze des Oben-Ohne-Sonnenbadens an französischen Stränden und seziert eindrucksvoll die komplexen (Selbst-) Kontroll-Mechanismen der Beteiligten. In Frankreich insgesamt ist die Elias-Rezeption sehr rege, woran Pierre Bourdieu einen großen Anteil hatte (vgl. Fuchs-Heinritz/König 2005; vgl. Moebius/Peter 2004).

In Großbritannien sind mit Eric Dunning, Stephen Mennell u.a. mehrere frühere Schüler bzw. Kollegen von Elias tätig (vgl. Dunning/Murphy/Waddington 2002; Mennell 1998). Soziologen wie Dennis Smith rekurrieren gleichermaßen auf Michel Foucault, Zygmunt Bauman und Norbert Elias (vgl. Smith 2001). Zygmunt Bauman gilt durch seine Analyse des Holocaust (Bauman 1992) primär als Kritiker der Eliasschen Zivilisationstheorie (vgl. Junge/Kron 2002, 11); dabei sind die Übereinstimmungen bzw. Parallelen nicht weniger augenfällig (vgl. Bauman 2000).

Seit Beginn der 1990er Jahre setzt allgemein eine stärkere Kanonisierung der Soziologie in Form von Lehrtexten, Einführungen und Lexika ein. Auch hier ist Elias in der Regel prominent vertreten.[10] Er hat sich als Klassiker etabliert.

Im folgenden Kapitel wird ein Überblick über diejenigen Begriffe und Fragestellungen gegeben, die sich durch das während siebzig Jahren entstandene Werk von Elias hindurch ziehen. Bestimmte Anliegen haben, relativ unabhängig von der jeweiligen empirischen Fragestellung, Elias in besonderem Maße beschäftigt. Hier empfand er sich als Pionier und hier hatte er ein besonderes Interesse, Klärungen und Entmystifizierungen vorzunehmen. Im Anschluss wird versucht, Elias in den Kontext der Soziologiegeschichte zu stellen. Zum einen werden Parallelen und Unterschiede zu anderen Soziologen skizziert, die Elias explizit benennt. Zum anderen wird aber auch auf diejenigen Bezüge verwiesen, die ‚von außen gesehen' zu Tage treten.

---

10   Vgl. insbesondere Baumgart/Eichener (1991); Huinink (2005); Korte (2006); Meleghy/Niedenzu (2001).

2 Die *Ordnung des Wandels* – Elias' Leitmotive und soziologiegeschichtlicher Ort

‚Sozialer Wandel', also die Beschreibung und Erklärung gesellschaftlicher Veränderungen ist von Anbeginn das zentrale Anliegen der Soziologie. Wie viele andere Soziologen (s. Abschnitt 2.2) geht auch Elias davon aus, dass die Prozesse des sozialen Wandels nur bei oberflächlicher Betrachtung zufällig und unstrukturiert erscheinen. Bei näherer wissenschaftlicher Betrachtung werden bestimmte Muster und Strukturen deutlich, die zwar nicht vorherbestimmt werden können, sich jedoch unabhängig von einzelnen Personen und konkreten historischen Gesellschaften immer wieder manifestieren.

Elias interessiert sich nicht nur – wie alle Soziologen – für gesellschaftliche Veränderungen, sondern für die Muster, die diesen zugrunde liegen: Die *Struktur* des sozialen Wandels (vgl. Gemeinschaften 1974/2006, 463) ist es, die ihn interessiert, und nicht der soziale Wandel als solcher.[11] Deshalb ist es für ihn auch von nachrangiger Bedeutung, um welchen sozialen Prozess es sich im Einzelnen handelt. Diesen zentralen Gedanken verdichtet Elias in der Formulierung von der *Ordnung des Wandels*. Gesellschaftliche Entwicklungen, so Elias, sind nicht auf einzelne Urheber zurückzuführen und es gibt für sie keinen absoluten Nullpunkt, sondern sie erfolgen ungeplant. Selbst dem vermeintlichen Chaos liegt eine innere Logik, eine Ordnung zugrunde, die mit den unauflösbaren Beziehungen der Menschen untereinander zu tun hat.

Im zweiten Band des erstmals Ende der 1930er Jahre erschienenen Zivilisationsbuches spricht Elias gar von der „strengen Ordnung der geschichtlichgesellschaftlichen *Wandlungen*" (Über den Prozeß 1939/1997, II, 48; Hervorh. im Original). Mit dieser Vorstellung lassen sich die „Probleme der Gesellschaftsmechanik" angemessen erklären:

---

11 In der 1969 erschienenen neuen Einleitung zum Prozessbuch distanziert sich Elias ausdrücklich davon, dass seine Zivilisationstheorie unter die ‚Theorien des sozialen Wandels' subsumiert werden könnte; ebenso versteht er seinen Ansatz keineswegs als Evolutionstheorie (vgl. Über den Prozeß 1939/1997, I, 9-73).

"Pläne und Handlungen, emotionale und rationale Regungen der einzelnen Menschen greifen beständig freundlich oder feindlich ineinander. *Diese fundamentale Verflechtung der einzelnen, menschlichen Pläne und Handlungen kann Wandlungen und Gestaltungen herbeiführen, die kein einzelner Menschen geplant oder geschaffen hat. Aus ihr, aus der Interdependenz der Menschen, ergibt sich eine Ordnung von ganz spezifischer Art, eine Ordnung, die zwingender und stärker ist, als Wille und Vernunft der einzelnen Menschen, die sie bilden.* Es ist die Verflechtungsordnung, die den Gang des geschichtlichen Wandels bestimmt; sie ist es, die dem Prozeß der Zivilisation zugrunde liegt" (Über den Prozeß 1939/1997, II, 432f.; Hervorh. im Original).

Für die Argumentation des 1970 erschienenen Buches „Was ist Soziologie?"[12] spielt die *Ordnung des Wandels* eine herausgehobene Rolle. Diese Formulierung findet sich an verschiedenen weiteren Stellen des Eliasschen Werkes, so z.B. in dem Aufsatz „Stufen der Entwicklung der afrikanischen Kunst in sozialer und visueller Hinsicht" (Afrikanische Kunst 1974/5; 2006), der Mitte der 1970er Jahre erschienen ist.

Ordnung, so Elias, ist wissenschaftlich betrachtet etwas anderes als im Alltag; er unterscheidet die „subjektive" von der „objektiven Ordnung". In der subjektiven Perspektive erscheint uns etwas, das wir moralisch für fragwürdig halten, als ungeordnet, soziologisch gedacht sind eben diese Phänomene durchaus geordnet:

„Bis zu einem gewissen Grad kann man dasselbe sagen, wenn der Begriff ‚Ordnung' auf die Gesellschaft angewandt wird. Aus der Sicht einer wissenschaftlichen, einer objektorientierten Untersuchung sind weder Krieg noch Revolution, weder Mord noch Konzentrationslager und Völkermord eine Unordnung der Gesellschaft. Sie bilden einen Teil von genau derselben Ordnung wie die Arbeitsteilung in einem Krankenhaus oder ein Fußball- oder Schachspiel. Erst aus der Ich- oder Wir-Perspektive bestimmter Gruppen gesehen, kann ‚soziale Ordnung' als Chaos oder Kooperation als Gegensatz zu Konflikt erscheinen. (...) Es wäre besser, zwei verschiedene Begriffe für ‚Ordnung' zu prägen, nämlich ‚Ordnung' in einem faktischen Sinne und ‚Ordnung' als ein Ausdruck dessen, was bestimmte Gruppen oder Menschen als solche in Bezug auf sich selbst erfahren. Gebraucht man die herkömmlichen Begriffe, dann könnte man von ‚subjektiver Ordnung' und ‚objektiver Ordnung' sprechen" (Wissenschaften 1974/2006, 417).

---

12 Dieses wichtige Buch von Elias – die Erstausgabe von 1970 erschien 2004 in zehnter Auflage – ist weniger eine Einführung in die Soziologie als der spezifische Beitrag von Elias zur Debatte um eine Theorie des sozialen Wandels, wie sie in den 1960er und 1970er Jahren intensiv geführt wurde. Außerdem hat Elias hier zentrale Begriffe und Perspektiven seiner Theorie (Figuration, Spielmodelle u.a.) grundsätzlich erörtert und vorgestellt.

Elias widerspricht der Auffassung, dass der Wandel selbst einen inneren, *unwandelbaren* Kern habe und betont: der Wandel *selbst* besitzt eine immanente Ordnung (vgl. Soziologie 1970/2006, 200; 204). In Zeiten gesellschaftlicher Umbrüche, so Elias, erkennen die Menschen – ohne selbst Soziologen sein zu müssen –, dass der Wandel eine Ordnung besitzt:

> „Bestimmte soziale Wandlungen ... – besonders das Verlangen nach gesellschaftlichen Wandlungen während und nach der Französischen Revolution, die Marktmechanismen unter Bedingungen der relativ freien Konkurrenz, der wissenschaftliche Fortschritt – , setzten das Vorstellungsvermögen von Menschen für die Wahrnehmung von Zusammenhängen frei, die sich in das herkömmliche Schema nicht fügten; sie ermöglichten es ihnen, sich eine Ordnung vorzustellen, die nicht durch die Rückführung allen Wandels auf etwas Unwandelbares sichtbar wurde, sondern die sich vielmehr als immanente *Ordnung des Wandels* selbst darstellte. Die Menschen begannen, in der Natur wie in der Gesellschaft Wandlungen zu entdecken, die sich nicht aus unwandelbaren Ursachen oder Wesenheiten außerhalb ihrer erklären ließen" (Soziologie 1970/2006, 200; Hervorh. im Original).

In der „Ordnung des Wandels" werden ein klassisches soziologisches Anliegen und zugleich der Kern des Eliasschen Ansatzes auf einen kurzen Nenner gebracht. Im Folgenden wird diese Formulierung als übergeordnetes Motto verstanden, dem sich die einzelnen Leitmotive zuordnen lassen (s. 2.1).

2.1 Leitmotive der Gedankenarbeit von Norbert Elias

2.1.1 Interdependenzen und relative Autonomie

Wie oben skizziert, geschieht sozialer Wandel, also z.B. die Veränderung von Machtverhältnissen zwischen Männern und Frauen, nicht ungerichtet, sondern er weist eine innere Ordnung auf. Elias bezeichnet einen solchen Mechanismus als *Struktureigentümlichkeit*. Eine zentrale Struktureigentümlichkeit von Gesellschaften ist die für Elias ganz entscheidende Tatsache, dass Gesellschaften sich nicht ‚einfach so' verändern, sondern der Wandel eine Ordnung besitzt.

Diese Ordnung kommt dadurch zustande, dass die Individuen sich in ihren Beziehungen stets aneinander ausrichten (müssen) und in ihrer Entwicklung nicht stehen bleiben können. Gesellschaftlicher Wandel, so Elias, findet im Spiegel der individuellen Entwicklung statt. Die Frage, was zuerst kommt, die Veränderung der Individuen oder die Veränderung der Gesellschaft, ist für Elias unerheblich, da sich beide nur miteinander verändern können. Ein Mensch kann sich nicht alleine verändern, da er sich stets an anderen ausrichten muss – ob er will oder nicht. Hier kommt der für Elias zentrale Begriff der Interdependenz ins Spiel. Mit *Interdependenz* ist wechselseitige Abhängigkeit gemeint: Sie bindet Menschen aneinander. Elias stellt sich diese Abhängigkeit nicht hierarchisch, sondern mehrdimensional vor – im Bild eines Netzes, einer *Verflechtung*. Gesellschaften begreift er als Interdependenzgeflechte von Menschen, die wechselseitig voneinander abhängig sind:

> „Der Begriff der Interdependenz bringt zum Ausdruck – und zwar so, wie die anderen Begriffe [Interaktion, Beziehung; A.T.] dies nicht tun – , daß die Bindungen zwischen Menschen ihrem Wesen nach einen eigentümlichen Zwang ausüben" (Gemeinschaften 1974/2006, 451f.).

In diesem Sinne kann Elias auch von so etwas wie einer Verflechtungs*ordnung* sprechen. Wichtig dabei ist jedoch, sich die Zwänge, die auf den einzelnen Menschen wirken, nicht als übermächtig vorzustellen. Als begriffliches und theoretisches Korrektiv ist das Leitmotiv der Interpendenzen seinerseits eng ‚verflochten' mit dem Motiv der *relativen Autonomie*. Elias geht davon aus, dass Menschen selbst dann, wenn sie glauben, völlig unabhängig zu sein, dies nicht wirklich sein können. Die Idee der relativen Autonomie bestimmt seine Überlegungen nicht nur in Bezug auf das Geflecht und die Statuskämpfe der Wissenschaften, auf das Verhältnis von Kunst gegenüber der Gesellschaft (vgl. Afrikanische Kunst 1974/5, 2006, 180), sondern gilt auch für die Menschen in ihrem Alltag. Kein Mensch, so Elias, ist absolut autonom, selbst derjenige nicht, der sich frei wähnt und glaubt, ein völlig selbst bestimmtes Leben zu führen. Eltern sind nicht frei in ihren Entscheidungen ‚über' ihr Kind, Unternehmer nicht über ihre Beschäftigten – auch wenn manche am längeren Hebel sitzen. Die Verhältnisse, auch die vermeintlich stabilen *Macht*verhältnisse ändern sich. Wer zu einem bestimmten Zeitpunkt herrscht, ist von spezifischen Konstellationen abhängig. Seine Herrschaft ist mittel- und langfristig nicht gesichert, weder in Demokratien noch in Diktaturen. Macht wird immer neu ausbalanciert (s. Abschnitt 5.2).

2.1.2 Psycho- und Soziogenese im Zivilisationsprozess

In der Art und Weise, wie Elias *Menschen* beschreibt, wird deutlich, dass er nicht nur soziologisch, sondern auch medizinisch, psychologisch und psychoanalytisch ‚denkt'. Elias beschäftigt sich auffallend detailliert mit der physischen und psychischen Ausstattung der Menschen. Triebe sind nicht nur die natürliche Ausstattung, sondern auch das ‚Schicksal' des Menschen. Ihre Modellierung und Einpassung in das gesellschaftlich vorgesehene Verhalten gelingt nicht immer

2.1 Leitmotive der Gedankenarbeit von Norbert Elias

(vgl. Über den Prozeß 1939/1997, II, 342). Hier steht Elias unübersehbar in der Tradition Freuds, ohne dessen Theorie seine Zivilisations- und Prozeßtheorie nicht denkbar wäre.[13] Die biologisch-körperlichen Funktionen haben einen großen Stellenwert in seiner Analyse, seien es das Schlafen, die Sexualität oder der Umgang mit den menschlichen Exkrementen. Die Frage, wo und wie Menschen ihren körperlichen Verrichtungen nachgehen und ob sie sich dabei zurückziehen, ist für Elias Indiz der gesellschaftlichen Entwicklung.

> „Es gibt ausreichend Belege für einen ständigen Überlebenskampf unter den Menschen in der Vergangenheit und der Gegenwart. Diese Belege, und das möchte ich rasch hinzufügen, nehmen in keiner Weise die Zukunft vorweg. Der Kampf der Menschen um Überlebenschancen, um Beherrschung und Befreiung, um Kontinuität, Identität und einen ganzen Komplex verwandter Aspekte ihrer Entwicklung ist ein spezifisch soziales Phänomen. Es besteht somit die Möglichkeit, daß die Menschen ihn kontrollieren und allmählich beherrschen können, wenn sie erst einmal besser als bisher seinen blinden Kurs verstehen und ihr besseres soziologisches Wissen auf ihre Lebenspraxis anwenden können. Der Instinkt der Menschen, einschließlich einer angeborenen Anlage für Aggressivität, die sie besitzen mögen, hat in den verschiedenen Figurationen, die sie untereinander als Individuen oder als Gruppen von Individuen bilden, ein unterschiedliches Muster und wird auch unterschiedlich aktualisiert" (Wissenssoziologie 1971/2006, 240f).

Elias prägt für die eher individuelle Seite der Entwicklung den Begriff der *Psychogenese*. Damit sind die körperlichen, psychischen und sozialen Entwicklungen gemeint, die Menschen während ihres Lebens durchlaufen; sie betreffen z.B. den Spracherwerb, die sexuelle Orientierung und das Handeln in Beziehungen. Für die gesellschaftliche Ebene spricht Elias von *Soziogenese*. Hier geht es um veränderte gesellschaftliche Hierarchien und Machtverhältnisse, die neu ausbalanciert werden müssen, soll es nicht zu inner- oder zwischenstaatlichen Konflikten kommen.

Soziogenese und Psychogenese beeinflussen sich wechselseitig, beide sind ohne einander nicht zu denken. Wie eng Sozio- und Psychogenese miteinander verbunden sind, analysiert Elias insbesondere im „Prozeß der Zivilisation" (Über den Prozeß 1939/1997) und in der „Gesellschaft der Individuen" (Gesellschaft der Individuen 1987/2001). Immer wieder beschäftigt sich Elias mit Menschen,

---

13 In seinem 1986 erstmals erschienenen Lexikon-Artikel über „Zivilisation" markiert Elias in einer Einfügung diesen Bezug in seltener Deutlichkeit: „Es ist kaum nötig, aber vielleicht nützlich zu sagen, daß bei dem Begriff der bildsamen, sublimationsfähigen menschlichen Triebimpulse Sigmund und Anna Freud Pate standen" (Zivilisation 1986/2006, 112).

die sich von der Masse abheben; es ist dabei sicher nicht vermessen, Züge eines Eliasschen Selbstporträts zu vermuten:

> „Man denke etwa an das Phänomen der stark individualisierten, der sogenannten ‚schöpferischen Intelligenz'. Das Wagnis des unautoritären, individuell selbständigen Denkens, die Haltung, durch die sich jemand als ein Wesen von ‚schöpferischer Intelligenz' beweist, hat nicht nur ein sehr eigentümliches, individuelles Triebschicksal zur Voraussetzung. Dieses Wagnis ist überhaupt nur möglich bei einem ganz bestimmten Aufbau der Machtapparatur: es hat eine ganz spezifische *Gesellschaftsstruktur* zur Voraussetzung; und es hängt ferner davon ab, daß dem Einzelnen innerhalb einer Gesellschaft von solcher Struktur diejenige Schulung und diejenigen nicht sehr zahlreichen, gesellschaftlichen Funktionen zugänglich sind, die allein zur Entfaltung dieser individuell selbständigeren Lang- und Tiefsicht befähigen" (Über den Prozeß 1939/1997, II, 392, Hervorh. im Original; vgl. auch Mozart 1991/2005).

Ansonsten ist sein Blick auf sozial übergreifende Prozesse gerichtet, wenn er Psychogenese und Soziogenese im Prozess der Zivilisation zusammenfügt. Beim Zivilisationsprozess handelt es sich, verkürzt gesprochen, um langfristige Verhaltensänderungen der Individuen und der gesellschaftlichen Beziehungsgeflechte (s. Kap. 4).

2.1.3 Das Gewordensein von Begriffen

Das Kerngeschäft von Soziologinnen und Soziologen ist die Analyse der gesellschaftlichen Entwicklung. Bei Elias kommt eine Ebene hinzu. Es geht ihm nicht nur um die gesellschaftliche Entwicklung, sondern auch um die Veränderung des Blicks auf diese Entwicklung. Elias legt auf die *Geschichte* von Begriffen und Wissenschaften besonderen Wert. Als klassisch gilt hier das erste Kapitel im ersten Band des Zivilisationsbuches, in dem Elias die Entwicklung der Begriffe ‚Zivilisation' und ‚Kultur' unter Berücksichtigung der Besonderheiten in Frankreich, England und Deutschland analysiert (vgl. Über den Prozeß 1939/1997, I, 89-131). Er untersucht z.B. die Veränderung, die Begriffe wie ‚Gemeinschaft' (vgl. Gemeinschaften 1974/2006), ‚Gesellschaft' oder ‚Fortschritt' (vgl. Soziologie 1970/2006) durchlaufen haben und beleuchtet den Kontrast zwischen Alltags- und Wissenschaftsauffassungen. Außerdem analysiert er das Verständnis oder die Konnotationen eines Begriffes in unterschiedlichen Gesellschaften, etwa des Begriffes des ‚Raumes' im Deutschen und im Französischen (vgl. Raum 1983/2006).

Die Formulierung des *Gewordenseins* findet sich häufig in den Texten von Elias. So ist ein Kapitel in „Was ist Soziologie?" mit „Entwicklung des Begriffs der Entwicklung" (vgl. Soziologie 1970/2006, 193-204) überschrieben.

> „Aber die Aufgabe, das, was man unter einer ‚Entwicklung' versteht, derart umzudenken, dass der Begriff der Entwicklung nicht primär als Aktionsbegriff, sondern als ein Funktionsbegriff verstanden wird, ist alles andere als einfach. Im Alltagsleben ist es gegenwärtig nicht besonders schwer, sich etwas darunter vorzustellen, wenn man sagt ‚die Gesellschaft entwickelt sich'. Die Verbreitung des Begriffsapparates hat heute bereits einen Stand erreicht, bei dem man von ‚Entwickeln' in einer Weise sprechen kann, die in den miteinander Kommunizierenden die Vorstellung von einer relativ unpersönlichen und selbsttätigen Transformation der Gesellschaft hervorruft. Es ist nicht ganz einfach, sich klarzumachen, dass man das vor 300 oder 250 Jahren durchaus noch nicht als selbstverständlich betrachten konnte" (Soziologie 1970/2006, 197).

Begriffs-Paarungen wie ‚Engagement und Distanzierung' oder ‚Etablierte und Außenseiter' versteht er nicht als Pole, die sich diametral gegenüber stehen, sondern als aufeinander bezogene Phänomene. Einfache Gegenüberstellungen und Dichotomisierungen wie ‚Natur' vs. ‚Gesellschaft', ‚zivilisiert' vs. ‚unzivilisiert', ‚mächtig' vs. ‚machtlos' oder ‚engagiert' vs. ‚distanziert' lehnt Elias ab. Er selbst bevorzugt Worte mit Prozesscharakter (vgl. Über den Prozeß der Zivilisation 1939/1997, II, 49). Vor diesem Hintergrund ist auch die Eliassche Vorliebe für Komparative zu verstehen: ‚mehr' oder ‚weniger engagiert' statt einfach nur: ‚engagiert'; ‚zivilisierter' statt einfach nur: ‚zivilisiert'.

2.1.4 Die Langfristigkeit sozialer Prozesse

Zahlreiche Werke von Elias haben eine für Soziologen und Soziologinnen untypische Thematik. Dies gilt insbesondere für „Über den Prozeß der Zivilisation" (Über den Prozeß 1939/1997) und „Die höfische Gesellschaft" (Höfische Gesellschaft 1969/2002), die intensiv von Historikern rezipiert werden. Elias blickt jedoch nicht als ‚Hobbyhistoriker', sondern als Soziologe auf mittelalterliche, feudalistische und absolutistische Gesellschaften. Er ‚taucht' selbst in die empirischen Materialien, z.B. ritterliche Etiketteschriften ein, um die Entstehung und den Wandel von individuellen und gesellschaftlichen Modellierungen analysieren zu können.

Die meisten anderen Soziologen, so Elias, sind auf die Gegenwart fixiert (vgl. Rückzug Gegenwart I 1983/2006 und Rückzug Gegenwart II 1987/006). Nach seiner Auffassung kann man die geforderte professionelle soziologische

Distanz nur entwickeln, wenn man sich von den politischen und sozialen Auseinandersetzungen der Gegenwart entfernt. Die Beschäftigung mit gesellschaftlichen Prozessen, zu denen es einen zeitlichen Abstand gibt, stellt einen methodischen ‚Kunstgriff' dar, um diesem Anspruch eher gerecht werden zu können. Dies schließt nicht aus, sich dann auch mit Entwicklungen der Gegenwart zu beschäftigen: So thematisiert Elias sowohl die erweiterten Machtressourcen von adligen Frauen im antiken Rom als auch die wechselseitigen Zwänge, die Männer und Frauen in den Niederlanden der 1989er Jahre aufeinander ausüben (s. Abschnitt 5.2).

Langfristige gesellschaftliche Prozesse geschehen ungeplant, jedoch nicht ungerichtet. Kein Mensch, so Elias, hatte die Barbarei des Nationalsozialismus oder den Terror der ‚Rote Armee Fraktion' für möglich gehalten. Und doch führen bestimmte „Struktureigentümlichkeiten" des menschlichen Zusammenlebens dazu, dass sich Ideologien wie der Antisemitismus oder der Antifaschismus zu pathologischen Handlungsmustern und Katastrophen verdichten.

2.1.5 Menschen als Prozesse

Elias' Anliegen war es, eine eigene Theorie zu begründen und bei allen Überschneidungen mit anderen soziologischen Theoretikern (s. Abschnitt 2.2) eine eigenständige Richtung zu etablieren. Hier finden sich bei Elias selbst und in der Rezeption seiner Arbeiten verschiedene Bezeichnungen. Diejenigen, die vor allem auf die langfristigen Veränderungen der individuellen und gesellschaftlichen Kontrollmechanismen abstellen, charakterisieren den Ansatz von Elias als „Zivilisationstheorie". Diese Bezeichnung überwiegt in der *geschichtswissenschaftlichen* Elias-Rezeption.

In der *Soziologie* dominieren hingegen Bezeichnungen, die sich auf die zwei übergeordneten Begriffe stützen: ‚Figuration' und ‚Prozess'. Diese beiden Begriffe werden dann zusammengezogen zur Bezeichnung „Figurations- und Prozesstheorie". Die Studien zum Zivilisations*prozess* gelten unter einem solchen Blickwinkel eher als historisches Material für ein zentrales Anliegen, nämlich die Betonung dynamischer Entwicklungen. Selbst in einer Wissenschaft wie der Soziologie, die auf permanenten Veränderungen basiert, wird die Gewohnheit, auf verdinglichte und statische Begriffe zurückzugreifen, kaum einmal kritisch reflektiert – so die Position von Elias. Er schaltet den Wandel auf Dauer und für ihn ist *der Mensch selbst* ein Prozess (s. Abschnitt 6.1).

Die Begriffe ‚Struktur' und ‚Prozess', so Elias, haben den Begriff ‚Gesetz' abgelöst (vgl. Wissenschaften 1974/2006, 421f.). Soziale Zusammenhänge, etwa den Monopolmechanismus (s. Abschnitt 4.2), in eine mathematische Formel zu bringen, hält Elias zwar für machbar, aber im Sinne des Erkenntnisgewinns für nicht entscheidend (vgl. Über den Prozeß 1939/1997, II, 481f.). Dass die Begriffe Figuration, (soziale) Prozesse und Zivilisation für Elias *die* Hauptbegriffe seiner ‚gedanklichen Arbeit' sind (wie er es nennen würde), wird eindrücklich dadurch belegt, dass Elias Mitte der 1980er Jahre diese drei Begriffe für das von Bernhard Schäfers herausgegebene Lexikon „Grundbegriffe der Soziologie" (Schäfers 1986) selbst definiert hat (vgl. Figuration 1986/2006; soziale Prozesse 1986/2006; Zivilisation 1986/2006). Diese Texte verdeutlichen auch die Zuschreibung, die unter den Soziologinnen und Soziologen zum damaligen Zeitpunkt eingesetzt hatte. Zum einen rangieren diese drei Begriffe als Grundbegriffe der gesamten Disziplin, zum anderen werden sie im wesentlichen durch einen prominenten Vertreter bestimmt, der hier seine Definition platzieren kann.[14]

2.1.6 Figurationen in Bewegung

Elias' Grundintention als Figurationssoziologe ist es, die wechselseitige Abhängigkeit von Menschen zum Ausdruck zu bringen. *Figurationen* sind Beziehungsgeflechte von Menschen; dies können Familien, Stämme, Dörfer, Hochschulgremien, Bürgerinitiativen, Bewohner eines Mehrfamilienhauses oder auch ein Fußballspiel sein (s. Kap. 5). Die einzelnen Mitglieder von Figurationen können für sich genommen nicht existieren. Die Figuration besteht genau daraus, dass ihre Mitglieder selbst dann, wenn es ihnen nicht bewusst ist, permanent aufeinander bezogen und voneinander abhängig sind. Das *Fußballspiel* hat Elias wohl deshalb besonders fasziniert, weil man an ihm sowohl die Prozesshaftigkeit sozialer Ereignisse als auch die grundlegenden Mechanismen von Figurationen illustrieren kann. Durch seine Analyse wird auch verständlicher, was genau – ohne dass es ihnen bewusst wäre – so viele Menschen an diesem Spiel fasziniert, unter Umständen ein ganzes Leben lang. Wie schon erwähnt, ist für Elias der Mensch selbst ein *Prozess*, da er sich auch noch als Erwachsener ständig verändert.

Die Art und Weise, wie Elias *Gesellschaften* beschreibt, korrespondiert mit seinem Menschenbild. Die gesellschaftliche Entwicklung ist niemals abgeschlossen und man kann sich niemals absolut sicher sein, dass ein einmal eingeschla-

---

14 Ein solches Verfahren ist in der Lehrbuchliteratur eher ungewöhnlich. Normalerweise werden Vertreter bzw. Interpreten eines Ansatzes gebeten, ein Stichwort zu kommentieren, nicht die ‚Urheber'. Ein vergleichbarer Fall ist die Abfassung des Eintrags ‚Individualisierung' im Wörterbuch der Soziologie (Endruweit/Trommsdorff 2002) durch Ulrich Beck, einen der ‚Urheber' der zeitgenössischen Individualisierungstheorie (vgl. Beck 2002).

gener Weg beibehalten wird. Macht Elias eine *Bewegung* aus, etwa zunehmende Differenzierung, so berichtet er häufig über die *Gegenbewegung*, also wachsende Integration. Er versteht diese beiden Prozesse keineswegs als widersprüchlich, sondern als zusammengehörig: Entwicklung vollzieht sich in Pendelbewegungen. Dass Fortschritte, etwa in der Gleichstellung von Frauen gegenüber Männern, jedoch völlig zunichte gemacht werden können und ‚vergessen' werden, ist für Elias gleichwohl schwer vorstellbar.

2.1.7 Macht- und Anerkennungskämpfe in Wissenschaft und Gesellschaft

Elias ‚Bestseller' sind, wie erwähnt, die beiden Bände zu „Über den Prozeß der Zivilisation" (Über den Prozeß 1939/1997). Wer ausschließlich diese Veröffentlichung kennt, wird nicht gewahr, wie ausführlich sich Elias mit der *Geschichte des Wissens und der Wissenschaften* beschäftigt hat. Das Bemühen um wissenschaftliche Distanz und das Ringen um Erkenntnis sind Leitmotive des Werks von Elias. In den Büchern „Engagement und Distanzierung", „Was ist Soziologie?", „Über die Zeit", „Die Gesellschaft der Individuen" und in zahlreichen Aufsätzen geht es um die Stellung von Soziologen in der Gesellschaft und im Gefüge der Wissenschaften.[15] Für Elias hatte und hat die Soziologie besonders große Probleme, ihren Platz zu finden. Dies hat vor allem damit zu tun, dass die Soziologie im Wettstreit mit den machtstärkeren Naturwissenschaften einerseits und mit den politischen Ideologien der jeweiligen Zeit andererseits droht, zerrieben zu werden und das eigene Profil aus den Augen zu verlieren.

Die Soziologie, so könnte man es nennen, hat in den Augen von Elias ein *Anerkennungsproblem*. Es fällt ihr, beziehungsweise ihren Vertreterinnen und Vertretern schwer, sich im Kampf um Ressourcen und Reputation zu behaupten. Das Standing der Soziologie würde sich nach der Ansicht von Elias verbessern, wenn sie sich darauf konzentrieren würde, ihre eigenen Methoden, Begriffe und Theorien zu entwickeln und nicht so sehr auf die Zustimmung anderer zu achten.

Elias plädiert für eine Soziologie mit stärkerem Selbstbewusstsein. Sie soll sich von ihrem Minderwertigkeitskomplex lösen, der darin besteht, eine weniger ‚wissenschaftliche' und etablierte Wissenschaft als die Naturwissenschaften zu sein. Es besteht kein Grund, die physikalischen Wissenschaften (wie Elias die Naturwissenschaften häufig nennt) zur absoluten Norm zu erheben. Soziologie soll zum einen gegenüber anderen Wissenschaften und zum anderen gegenüber

---

15 Insofern sind auch die vermeintlich rein wissenssoziologischen Arbeiten stets auch Figurationsstudien.

dem politischen Tagesgeschehen *relativ* autonom sein. Eine *absolute* Autonomie ist weder vorstellbar, da Soziologie als Teil der Menschenwissenschaft zu der Gesellschaft gehört, die sie untersucht, noch ist sie wünschenswert. Die meisten Ansätze der bisherigen Soziologie, so Elias, haben ihr Erklärungspotential durch die Aufsplitterung in Mikrotheorie und Makrotheorie selbst unnötig eingeschränkt. Er selbst versucht, beide Perspektiven untrennbar zu verschränken.

Menschen, so Elias, können sich ihres Platzes in der Gesellschaft niemals sicher sein. Angesichts permanenter Wandlungen sind sie gehalten, auf andere zu achten und damit zu rechnen, dass diese ihnen ihren Platz streitig machen. Die ‚Kampfeslust' wird durch zivilisatorische Fortschritte zwar gedämpft, ist jedoch immer spürbar. Elias kommt regelmäßig auf zwischenmenschliche und zwischenstaatliche Auseinandersetzungen, Konflikte und Kämpfe zu sprechen. Dies können eher harmlose, aber auch sehr dramatische Konflikte sein. Besonders fasziniert zeigt sich Elias von rivalisierenden Gruppen, die zur Kooperation gezwungen sind: dabei kann es sich um die Konflikte zwischen ‚Gentlemen-Kommandanten' der englischen Oberschicht und den am nautischen Handwerk orientierten Seemännern (vgl. Drake und Doughty 1977/2006) oder um die Ausbalancierung von Interessen bei Eheleuten (vgl. Machtbalance Geschlechter 1986/2006) handeln. Menschen, so Elias, haben keinen angestammten Platz oder Status und keine stabile Machtposition, nicht einmal als Herrschende:

> „Wenn die gesellschaftlichen Funktionen und Interessen der Menschen immer weitverzweigter und widerspruchsvoller werden, begegnet man in ihrem Verhalten und ihrem Empfinden immer häufiger einer eigentümlichen Spaltung, einem ‚Zugleich' von positiven und negativen Elementen, einer Mischung von relativ gedämpfter Zuneigung und gedämpfter Abneigung in verschiedenen Proportionen und Schattierungen. Die Möglichkeiten zu einer reinen und in keiner Weise ambivalenten Feindschaft werden seltener; und immer spürbarer bedroht jede Aktion gegen einen Gegner zugleich auch in irgendeiner Form die soziale Existenz dessen, der sie unternimmt; sie stört zugleich das ganze Triebwerk der funktionsteiligen Handlungsketten, dessen Teil die bestehende, soziale Existenz beider ist. Es würde hier zu weit führen, auf diese fundamentale *Vielspältigkeit der Interessen*, auf ihre Konsequenzen für das politische Spiel oder den psychischen Habitus und auf ihre Soziogenese im Zusammenhang mit der fortschreitenden Funktionsteilung genauer einzugehen. Aber schon das wenige, was in diesem Zusammenhang darüber gesagt werden kann, läßt erkennen, daß sie eine der folgenreichsten Struktureigentümlichkeiten der höher differenzierten Gesellschaften ist und eine der wichtigsten Prägeapparaturen für das zivilisierte Verhalten" (Über den Prozeß 1939/1997, II, 240; Hervorh. im Original).

In seiner Analyse von Machtprozessen stellt Elias in Abrede, dass es zwischen Machthabern und Machtlosen ein gleichbleibendes Gefälle gibt. Bei dem, was viele Menschen als sog. ‚Sachzwang' empfinden, handelt es sich um nichts anderes als um die zahlreichen Zwänge, die viele Menschen entsprechend ihrer gegenseitigen Abhängigkeit aufeinander ausüben.

2.1.8 Menschenwissenschaftliches Denken im Plural

Bei Elias wird man Formulierungen im Singular wie ‚der' Mensch oder ‚die' wissenschaftliche Methode kaum finden. Menschen, Methoden und Wissenschaften kommen für ihn nicht einzeln, sondern nur in der Mehrzahl vor. Ihn interessieren stets das Geflecht von Menschen, Institutionen oder Gesellschaften und die Veränderungen, denen diese Geflechte unterliegen. Diese Auffassung wird in dem 1974 erschienenen Aufsatz „Auf dem Weg zu einer Theorie der Wissenschaften" (Wissenschaften 1974/2006) pointiert dargestellt.[16] Elias kritisiert diejenigen Sozialwissenschaftler, die sich dem auf die Physik zurückgehenden Alleinvertretungsanspruch der Naturwissenschaften und ihrem Beharren auf nur einer gültigen wissenschaftlichen Methode beugten. Es gibt, so seine Position, keine „archetypische Wissenschaft" (Wissenschaften 1974/2006, 430ff.), sondern ein ganzes Geflecht von Wissenschaft*en*, die sich im Lauf der letzten zwei bis drei Jahrhunderte ausdifferenziert haben. Ihre Gemeinsamkeit sei die Analyse von Strukturen, Prozessen und Strukturen.

Die umfassende Perspektive auf den bzw. die Menschen, die sich von einer rein soziologischen unterscheidet, bringt Elias dazu, sich weniger als ‚Soziologe', sondern als ‚Menschenwissenschaftler' zu bezeichnen (vgl. im Überblick Korte 1997). Elias verwendet folglich viele Begriffe auch anders, als es in der Soziologie üblich ist. Er spricht lieber von *den* Menschen statt von *dem* Menschen. Charakteristisch für seine Vorliebe für scheinbar nebensächliche Eigenheiten der Sprache ist das sog. *Fürwörtermodell*:[17]

---

16 Diese Veröffentlichung kann man als die Eliassche Stellungnahme zum *Positivismusstreit* verstehen, der seit Anfang der 1960er Jahre zwischen Vertretern der Kritischen Theorie (Adorno, Habermas) und Vertretern des Kritischen Rationalismus (Popper, Albert) geführt wurde.

17 Im Literaturverzeichnis von „Was ist Soziologie?" findet sich der bibliografische Hinweis auf die Untersuchung Leopold von Wieses über „Die Philosophie der persönlichen Fürwörter" (von Wiese 1965). Von Wiese gehörte in der Weimarer Republik zu den führenden Soziologen Deutschlands, war während des Nationalsozialismus' wie andere „Nicht-Juden und Nicht-Sozialisten nicht unmittelbar bedroht" (Mikl-Horke 1989, 121) und hat auch in der Nachkriegszeit eine wichtige Rolle in der soziologischen Community gespielt. Heute wird die von ihm begründete ‚Beziehungslehre' kaum noch rezipiert. – In der Alltagssprache bezeichnet man die ‚persönlichen Fürwörter' wie z.B. „mein Freund" oder „meine Universität" meist als Personalpronomen. Grammatikalisch handelt es sich dabei um die sog. *possesiven Artikelwörter* (vgl. Duden 2005, 283ff.).

2.1 Leitmotive der Gedankenarbeit von Norbert Elias

> „Um zu verstehen, worum es in der Soziologie geht, muß man ... in der Lage sein, seiner selbst als eines Menschen unter anderen gewahr zu werden. Das hört sich zunächst wie eine Trivialität an. Dörfer und Städte, Universitäten und Fabriken, Stände und Klassen, Familien und Berufsgruppen, feudale und industrielle Gesellschaften, kommunistische und kapitalistische Staaten – sie alle sind Netzwerke von Individuen. Zu diesen Individuen gehört man auch selbst. Wenn man sagt ‚*mein* Dorf, *meine* Universität, *meine* Klasse, *mein* Land', dann bringt man das zum Ausdruck. Aber sowie man heute von der Alltagsebene, auf der solche Ausdrücke ganz gebräuchlich und verständlich sind, auf die Ebene der wissenschaftlichen Reflexion hinaufsteigt, bleibt die Möglichkeit, von allen gesellschaftlichen Gebilden ‚mein', ‚dein', ‚sein' oder auch ‚unser', ‚euer' oder ‚ihr' zu sagen, außer Betracht. Statt dessen spricht man von allen diesen Gebilden gewöhnlich so, als ob sie nicht nur außerhalb und jenseits der eigenen Person, sondern außerhalb und jenseits von einzelnen Personen überhaupt existierten. Bei diesem Typ der Reflexion erscheint die Vorstellung: „Hier bin ‚Ich'" oder auch: „Hier sind die einzelnen Individuen und dort sind die gesellschaftlichen Gebilde, die ‚soziale Umwelt', die mich selbst, die jedes einzelne ‚Ich' überhaupt ‚umgeben'", als unmittelbar einleuchtend" (Soziologie 1970/2006, 15f.; Hervorh. im Original).

Wenn die Menschen diese Formulierungen auch eher unbewusst verwenden, so ‚verraten' sie doch etwas über die Art ihrer Beziehungen. Erst die wissenschaftliche Perspektive fördert diese zugrunde liegende Ordnung zu Tage. Der Mensch im Singular, so Elias, ist eine Fiktion:

> „Eine kritische Untersuchung dieses Menschenbildes erfordert ein relativ hohes Maß an Selbstdistanzierung. Der Hinweis auf die Serie der persönlichen Fürwörter kann dabei als gedanklicher Wegweiser vielleicht hilfreich sein. Diese Fürwörterserie stellt ein einfaches Modell der fundamentalen Interdependenz von Menschen dar. Sie ermöglicht es Menschen, im Verkehr miteinander beim Sprechen und Denken unzweideutig und auf einfachste Weise zum Ausdruck zu bringen, ob sich eine Aussage auf den Sprecher selbst oder auf andere Menschen, ob auf Gesprächspartner oder vom Gespräch Ausgeschlossene, auf einen einzelnen oder auf mehrere Menschen, auf Männer oder auf Frauen bezieht. Kurzum, sie symbolisiert den *elementaren Gruppencharakter der menschlichen Existenz*; sie bringt die Tatsache zum Ausdruck, daß jeder einzelne Mensch eine Vielheit von Menschen voraussetzt und daß die *Interdependenz mit anderen* zu den Grundtatsachen seiner Genese und Entwicklung gehört" (Soziologie und Psychiatrie 1977/2006, 326f.; Hervorh. A.T.).

Diese Textstelle gibt auch Aufschluss über die Arbeitsweise von Elias und sein Selbstkonzept als Wissenschaftler: Er versteht seine Begriffe als neue Arbeitsmittel, die er zur Diskussion stellt. Auf andere Theoretiker, Klassiker der Soziologie (Comte, Marx, Durkheim, Weber)[18] oder auch Zeitgenossen (Adorno, Parsons) nimmt er zwar Bezug, lässt deren Befunde jedoch kaum einmal so stehen, sondern nimmt immer Modifikationen vor. Elias entwickelt einen eigenen Ansatz, der zahlreiche originär neue Perspektiven enthält und auf Aspekte des wissenschaftlichen Denkens hinweist, die andere übersehen oder weniger stark gewichtet haben. Bei aller Abgrenzung war er jedoch auch eingebunden und geprägt von soziologischen Diskursen: Inwiefern wird in Elias' Biographie und in seinen Werken sichtbar, dass Elias Teil von interdependenten Verflechtungen war und selbst zu einer ‚Figuration von Soziologen' gehörte?

2.2 Elias im Kontext der Geschichte der Soziologie

Elias wusste um den Einfluss von Wegbereitern, Weggefährten und ‚großen Namen' und rang gleichwohl um seinen eigenen Weg in der Soziologie. Die Besonderheit und Eigenwilligkeit seines Denkens reklamierte er nachdrücklich bei der Verleihung des Adorno-Preises im Oktober 1977 (s. Abschnitt 1), wenn er sich an die Stadt Frankfurt als diejenige Institution, die den Preis ausrichtete, wandte:

> „Sie belohnen damit jemanden, der, ohne die Verbindung mit der Vergangenheit zu vergessen, sich nie der Autorität der Vergangenheit gebeugt hat. Das war sehr mühsam. Forschend hat man ständig die Stimmen vergangener Autoritäten und die Stimmen der kritischen Zeitgenossen im Ohr. Man hört alle möglichen Kommentare und Argumente als Stimmen im eigenen Kopfe. Aber wenn man sich durch sie in seinem *Vermögen, für sich selbst zu denken,* beirren läßt, ist man verloren." (Adorno-Rede 1977/2006, 506; Hervorh. A.T.)

Elias' Theorie des Zivilisationsprozesses (s. näher in Kap. 4) enthält zahlreiche Anklänge an die Fragestellungen von Max Weber und Sigmund Freud. Explizit hat sich Elias jedoch nur sehr sparsam zu diesen beiden Bezugsautoren geäußert. Möglicherweise verbirgt sich dahinter der durchaus übliche Habitus unter den Wissenschaftlern seiner Generation: Dieser war dadurch bestimmt, dass man schon davon ausgehen konnte, dass die Zeitgenossen das Spiel mit Hinweisen, Verweisen, direkten und indirekten Entnahmen und Anspielungen verstehen würden. So konnte man auf kontinuierliche Belege verzichten.[19] Für die ‚Nach-

---

18   Relativ breiten Raum nimmt die Erörterung der Klassiker in „Was ist Soziologie?" (Soziologie 1970/2006) ein.
19   Diesen Hinweis verdanke ich einem Gespräch mit Hermann Korte.

2.2 Elias im Kontext der Geschichte der Soziologie

welt', also etwa die heutigen Leserinnen und Leser des Zivilisationsbuches, ist jedoch der ursprüngliche Text aus den 1930er Jahren und auch das ‚neue' Vorwort aus dem Jahr 1968 nicht mehr gegenwärtiger Kontext, sondern Geschichte. In diesem Sinne verstehen sich die Ausführungen dieses Abschnittes. Sie nehmen die Suche nach den Spuren auf, die Elias in seinem Werk gelegt hat, sei es auch eher indirekt. Hilfreich für die Frage der Verortung von Elias in der Soziologie- und Wissenschaftsgeschichte sind insbesondere die Interviews, in denen ihm seine Gesprächspartner häufig mit entsprechenden Fragen ‚auf die Pelle rücken' (vgl. Autobiographisches 2005).

Elias hat sich an den Sozialwissenschaftlern, die während seiner Studien-, Promotions- und Habilitationsphase in der Weimarer Zeit die Themen und Debatten prägten, orientiert. Unter den Philosophen waren dies neben Edmund Husserl und Karl Jaspers sein Doktorvater Richard Hönigswald, unter den Soziologen Max und Alfred Weber, Karl Mannheim, Ferdinand Tönnies, unter den Psychologen Sigmund und Anna Freud. Mit Alfred Weber und Karl Mannheim gab es auch unmittelbar institutionelle und persönliche Kontakte in Heidelberg bzw. dann in Frankfurt am Main. Reinhard Blomert hat in seiner Studie über „Intellektuelle im Aufbruch" (Blomert 1999) das geistig-soziale Klima der Heidelberger Zeit beschrieben und schildert Elias als einen eigenwilligen und sowohl wissenschaftlich als auch pädagogisch ambitionierten Wissenschaftler. Elias war zwar offiziell Habilitand und befand sich also noch in der Qualifikationsphase. Er selbst empfand sich jedoch als gleich gesinnt und gleichgestellt – wie man heute gerne sagt, auf Augenhöhe – mit denjenigen, die heute als Klassiker gelten:

> „Entgegen der üblichen Sichtweise, in der Max Weber, Werner Sombart, Ferdinand Tönnies, Ernst Troeltsch und Georg Simmel als die Gründerväter der Soziologie angesehen werden – und damit als erste Generation –, verstand sich auch Elias selbst als Soziologe der ersten Generation, denn er zählte sich, wie auch Mannheim, zur ersten Generation jener, die als Soziologen ausgebildet waren und später in der Universität als Soziologen lehrten" (Blomert 1999, 241).

Danach sah Elias sich als einen der Begründer der deutschen Soziologie, auch wenn er erst in der zweiten Hälfte der 1920er Jahre die Disziplin – also von der Philosophie zur Soziologie – wechselte (vgl. Korte 1997; Blomert 1999, 236ff.). Die Heidelberger Zeit (1925-1930) war primär geprägt durch Elias' beide Habilitationsväter, denen er in seinen „Notizen zum Lebenslauf" zwei große Abschnitte widmet (vgl. Lebenslauf 1984/2006, 35-57), Alfred Weber und Karl Mannheim, die in vielen soziologischen Fragen unterschiedlicher Ansicht waren. Die Auseinandersetzung mit deren Fragestellungen und Themen und der Einfluss dieser beiden ‚Leitfiguren' wird in einem Teil der Veröffentlichungen der 1920er und beginnenden 1930er Jahre deutlich, wie der Band 1 der Gesammelten Schriften, die „Frühschriften" (Frühschriften 2002) zeigt. In diese Zeit fällt auch der erste soziologisch-professionelle Auftritt von Elias: Er tritt beim Züricher Soziologentag im September 1928 unter der Bezeichnung „Dr. Elias" als Koreferent/Kommentator in den Diskussionen zu zwei Vorträgen auf. Der eine Redner ist Karl Mannheim, der andere Richard Thurnwald (vgl. Beitrag zu Mannheim 1929/2002; Beitrag zu Thurnwald 1929/2002).[20]

Aus der Sicht des Jahres 2007 ist es schwer vorstellbar, wie das geistige Klima der 1920er und 1930er Jahre beschaffen gewesen sein muss. Für zahlreiche Sozialwissenschaftler und -wissenschaftlerinnen der damaligen Zeit lagen bestimmte Fragestellungen und Themen in der Luft. Man diskutierte über eine mögliche Neufassung bzw. Umformulierung des Marxismus, setzte sich mit Autoritarismus und Antisemitismus auseinander und rezipierte intensiv die Psychoanalyse in der Tradition Freuds, aber auch Wilhelm Reichs. Hierbei ging es keineswegs nur um eine Faszination gegenüber der Theorie, sondern viele hatten selbst eine Analyse gemacht. Die psychoanalytische Begrifflichkeit war allgegenwärtig. Eine weitere Generationenkonstante waren die Erfahrungen des Ersten Weltkrieges und die unterschiedlichen Haltungen zur Weimarer Republik (vgl. Peukert 1987, 25-31).

Das Verhältnis der verschiedenen ‚Frankfurter' der 1930er Jahre war sowohl durch Nähe (auch räumlich im Institut für Sozialforschung), als auch durch Distanz gekennzeichnet (vgl. König 1996). Elias und Karl Mannheim auf der einen Seite und Max Horkheimer und sein Assistent Leo Löwenthal auf der anderen Seite hatten gerade durch die generationelle und habituelle Gemeinsamkeit als jüdische und kritische Intellektuelle ein starkes Interesse, ihre jeweiligen wissenschaftlichen Perspektiven von denen der anderen ‚Schule' abzugrenzen. Der niederländische Soziologe Johan Goudsblom, der früh auf Elias gestoßen und über drei Jahrzehnte Freund, Förderer, Kollege und Schüler von Elias zugleich war, hat in seinem wichtigen Interview im Jahr 1969 hier eine unmissverständliche Reaktion provoziert. Auf den Hinweis einer möglichen Parallele seiner Arbeit zum Denken von Herbert Marcuse, also einem Vertreter der ‚Gegenseite', reagiert Elias heftig, indem er kontert: „Da muß ich jede Verbindung zurückweisen" (Goudsblom-Gespräch 1970/2005, 103).

Anstatt sich auf ‚Mythenjagd' zu begeben, wie Sozialwissenschaftler es tun sollten, produzieren die betont gesellschaftskritischen und marxistischen Ansätze

---

20 Über diesen biografisch und soziologiegeschichtlich bedeutsamen Einschnitt äußert sich Elias detailliert in seinen „Notizen zum Ablauf" und geht dabei ausführlich auf die Konkurrenz zwischen Alfred Weber und Karl Mannheim ein (vgl. Lebenslauf 1984/2005, 44-57; s. auch Korte 1997, 6. Kap.: „Erster Auftritt beim Soziologentag in Zürich").

2.2 Elias im Kontext der Geschichte der Soziologie

in Elias' Augen selbst (neue) Mythen. Die kollektivistisch-marxistischen Ansätze seien zwar weniger ahistorisch als die systemtheoretischen, argumentierten aber zu monokausal entlang ökonomischer Kategorien (vgl. Soziologie 1970/2006, 302ff.).

Im Exil und nach dem Zweiten Weltkrieg hat sich Elias dann z.T. auf sehr harsche und unversöhnliche Weise mit dem jeweils gegenwärtigen Mainstream auseinandergesetzt. So ist das Vorwort in der zweiten Auflage des Prozessbuches aus dem Jahr 1969 (Über den Prozeß 1939/1997) von der Auseinandersetzung mit der zum damaligen Zeitpunkt tonangebenden *Systemtheorie* von Talcott Parsons bestimmt. Die Theorie von Talcott Parsons sei, so stellt Elias im Vorwort zur neuen Ausgabe von „Über den Prozeß der Zivilisation" im Jahr 1969 (Über den Prozeß 1939/1997) fest, bloße Zustandssoziologie. Demgegenüber entwickelt er eine Prozesssoziologie, die sich aus seiner Grundthese eines permanenten Wandels von Gesellschaften ergibt. Soziologische Theorien wie die Systemtheorie[21] gehören für Elias noch in eine Vorphase des Wissens: Sie repräsentieren einen partikularisierenden Ansatz, während sein Ziel eine generalisierende Synthese (vgl. Zeit 1984/2004, 55) ist. Die Langzeitentwicklung des menschlichen Wissens zeigt, so Elias, dass Menschen zur Synthese, d.h. zur Verknüpfung von Ereignissen, fähig sind:

> „Menschen orientieren sich weniger als jedes andere Lebewesen, das wir kennen, mit Hilfe ungelernter Reaktionen und mehr als jedes andere Lebewesen mit Hilfe von Wahrnehmungen, die durch Lernen, durch vorangegangene Erfahrungen nicht nur jedes individuellen Menschen, sondern darüber hinaus einer langen Kette menschlicher Generationen geprägt sind" (Zeit 1984/2004, 51).

Dem menschlichen Potential zur Synthese und der Komplexität von Gesellschaften wird die Systemtheorie aus Elias' Sicht nicht gerecht.

In den Aufsätzen zur Wissenschaftstheorie wiederum positioniert er sich, in zugespitzter und etwas überzogener Form nach zwei Seiten: gegen den Positivismus Karl Poppers und Hans Alberts[22] *und* gegen die Kritische Theorie Theo-

---

21 Niklas Luhmann, der führende deutsche Vertreter der Systemtheorie, war während Elias' Bielefelder Jahre sein räumlicher Nachbar und gelegentlicher Gesprächspartner. Die *direkte* Auseinandersetzung mit ihm hat Elias jedoch nicht gesucht. Ende der 1980er Jahre kommentiert Elias die wechselseitige Distanz wie folgt: „Wir [Luhmann und ich; A.T.] sind uns mit Respekt und Reserve begegnet. Er wußte, daß ich seinen Intellekt respektiere und keine seiner Meinungen teile, und ich wußte das gleiche von ihm" (Engler-Gespräch 1989/2005, 387).

22 Elias lehnt die Theorie und Programmatik des *Kritischen Rationalismus* und die soziologischen Ansätze des methodologischen Individualismus vehement ab. Der erwähnte Aufsatz „Wissenschaft oder Wissenschaften?" trägt den Untertitel: „Beitrag zu einer Diskussion mit wirklich-

dor W. Adornos und Jürgen Habermas' (Wissenschaft oder Wissenschaften 1985/2006). In dem genannten Interview gibt Elias jedoch – ohne Namen zu nennen – zu erkennen, dass solche Auseinandersetzungen Spuren hinterlassen, wenn er über die Notwendigkeit der Rücksichtnahme und die Spannung zwischen Überzeugung und Taktgefühl reflektiert:

> „Wissenschaftler können einander sehr tief verletzen, sie können durch fundierte und gezielte Angriffe die Lebensarbeit eines anderen Menschen entwerten. Wann und wie weit ist es notwendig und berechtigt, das zu tun? Ich habe es viele Jahre hindurch unterlassen, an Büchern lebender Autoren Kritik zu üben, aber dann fühlte ich, daß es sich nicht immer umgehen ließ, und seitdem weiß ich, daß der offene Angriff und der Kampf der Geister manchmal unumgänglich ist. Es ist ein schwieriges Problem. Man bedroht das Lebenswerk anderer Menschen. Wenn es geht, sollte man sicher warten, bis sie gestorben sind" (Goudsblom-Gespräch 1970/2005, 57).

Elias sieht sich selbst als ein „nicht an Autoritäten gebundener Soziologe" (Adorno-Rede 1977/2006, 497). Mit zweien dieser Autoritäten hat er sich jedoch explizit und detailliert beschäftigt – mit Auguste Comte und Karl Marx. Diese beiden Klassiker hat er einmal als die „zwei ungleichen Ahnherren der Soziologie" (Theorie sozialer Prozesse 1977/2006, 510) bezeichnet. Er spricht ihnen große Verdienste zu, die er vor allem in „Was ist Soziologie?" (Soziologie 1970/2006) gewürdigt hat. Comte ist für Elias vor allem in methodologischer Hinsicht bedeutsam, da er die Emanzipation der Sozialwissenschaft von der Metaphysik und von den Naturwissenschaften betrieben habe.

Marx ist für Elias im Grunde der bis dato einzige Theoretiker langfristiger gesellschaftlicher Prozesse. Elias betrachtete Marx als wichtige Inspirationsquelle für seine Idee der Rang- und Statuskämpfe und der permanenten Spannungen und – zusammen mit Friedrich Engels – als ‚Vater der Wissenssoziologie' (vgl. Wissenssoziologie 1971/2006, 219ff.). Die ideologischen Instrumentalisierungen und Einseitigkeiten der Marx-Rezeption in den 1960er und 1970er Jahren haben ihn ebenfalls stark beschäftigt. Für Elias ist das nicht ausbalancierte Verhältnis von Engagement und Distanzierung in der Marx-Rezeption schon bei Marx selbst angelegt. Marx habe seine Überzeugungskraft als Soziologe selbst dadurch begrenzt, dass er seiner anderen Identität als politischer Ideologe die Oberhand gelassen habe:

---

keitsblinden Philosophen" (Wissenschaft oder Wissenschaften 1985/2006). ‚Wirklichkeitsblind' sind für ihn diejenigen, die ein Konzept der Einheitswissenschaft als ‚Dach' sowohl für Natur- wie Sozialwissenschaft vertreten und zeit- und raumlose Gesetze aufstellen. Damit würden sie der Vielfalt gesellschaftlicher Entwicklungen und der besonderen Fragestellung der Menschenwissenschaften nicht gerecht.

2.2 Elias im Kontext der Geschichte der Soziologie

„Mit alledem aber zeigt man eines sehr deutlich, man zeigt auf der einen Seite die Größe der soziologischen Leistung von Marx. Er hat eine Reihe der Schlüsselprobleme der gesellschaftlichen Entwicklung theoretisch zusammengefasst und damit der wissenschaftlichen Weiterarbeit zugänglich gemacht. Man zeigt auf der anderen Seite die unvermeidliche Begrenzung, die sein zeitgebundenes Erfahrungsmaterial seiner Theoriekonstruktion auferlegt, und den Schaden, den das Marxsche Gedankengebäude dadurch erleidet, daß heute immer wieder seine Funktion als Bibel einer großen politischen Bewegung seine Funktion als Wegbereiter der Soziologie verdeckt" (Soziologie 1970/2006, 307f.).

Elias' Argumentation zeigt eine auffallende Nähe zum *Symbolischen Interaktionismus* und zur *Kommunikationstheorie*. Wie in diesen Ansätzen geht es bei Elias um die alltäglichen Interaktionen und Wechselseitigkeiten menschlicher Begegnungen. In einer kritischen Anmerkung stellt er fest, dass andere Interaktionstheoretiker unbewusst immer noch von der Aktion des einzelnen, isoliert und von anderen Menschen abgeschotteten Individuums ausgingen – wobei ‚Interaktion' dann die Abkehr von dieser Isolation sei (vgl. Psychiatrie 1972/2006, 328f.). Seine eigene Konzeption, so Elias, gehe von vornherein von einem anderen Menschenbild aus. Für ihn ist der Mensch nur im Zusammenhang mit anderen Menschen überhaupt vorstellbar. Insofern steht er auch den gängigen Begriffen der Soziologie kritisch gegenüber, wie er in einem Text aus dem Jahr 1974 vermerkt:

„Jüngere Beispiele sind Begriffe wie ‚Rolle', ‚Interaktion' und der allgegenwärtige Ausdruck ‚menschliche Beziehungen'. Durch den Gebrauch dieser Begriffe kann leicht der Eindruck entstehen, die zentrale Aufgabe der Soziologie sei es, zu untersuchen, wie einzelne Menschen handeln oder sich verhalten, wenn sie in Kontakt miteinander treten oder Beziehungen miteinander bilden. Das bedeutet scheinbar, daß Menschen stets die Freiheit haben, so zu handeln, zu interagieren, Beziehungen zu bilden, wie es ihnen gefällt. In Wirklichkeit sind ihrer Fähigkeit, dies zu tun, Grenzen gesetzt, und in soziologischen Untersuchungen geht es in hohem Maße um das Problem, wie eng diese Grenzen sind und warum es sie gibt." (Gemeinschaften 1974/2006, 451)

Vergleichbar mit Georg Simmel oder Alfred Schütz erkennt Elias an vermeintlich unauffälligen und von Soziologen häufig nicht thematisierten Phänomen des Alltags den Niederschlag grundlegender gesellschaftlicher Entwicklungen. So erläutert er sehr anschaulich anhand afrikanischer Skulpturen, aufgrund welcher Mechanismen – in seiner Sprache: „Struktureigentümlichkeiten" – diese so eindringlich auf den heutigen westlichen Betrachter wirken (können), obwohl er einer anderen Epoche und Gesellschaft angehört. In einem Beitrag aus den 1970er Jahren konstatiert Elias eine „strukturelle Affinität zwischen zeitgenössischer europäischer und traditioneller schwarzafrikanischer Kunst" (Afrikanische Kunst 1974/5; 2006, 205f.).

Lässt man die Themen und die Begrifflichkeit der Eliasschen Soziologie Revue passieren, so fallen die vielfachen Anklänge an *Psychoanalyse und Psychotherapie* auf. Elias selbst weist darauf hin, dass sein „Begriff der Valenzen eine gewisse Verwandtschaft mit Freuds Libidobegriff hat" (Psychiatrie 1972/ 2006, 316). Im Interview mit Johan Goudsblom markiert er jedoch auch die Trennungslinien:

> „Nochmals: Ich sage nicht, daß Freud irrt, denn er war ein enormer Durchbruch. Aber heute ist die Psychoanalyse einer der wenigen Zweige des Wissenserwerbs, der immer noch dem alten Muster folgt, bei dem nicht zwischen dem Praktiker und demjenigen, der die Forschungsarbeit leistet, unterschieden wird" (Goudsblom-Gespräch 1970/2005, 106).

Es fällt auf, dass Elias in zahlreichen seiner Veröffentlichungen den Status der Soziologie innerhalb der Wissenschaften reflektiert. Er stellt in Frage, ob angesichts der Status- und Rangkämpfe zwischen und innerhalb der Wissenschaften interdisziplinäre Zusammenarbeit überhaupt realistisch sei – auch wenn einem „das Wort ‚interdisziplinär' leicht über die Zunge geht" (Psychiatrie 1972/2006, 288). Insbesondere die Soziologie muss nach seiner Auffassung zunächst ihre eigene Position klären und festigen.

Elias' Kritik an der bisherigen Soziologie lässt sich wie folgt zusammenfassen: sie sei ahistorisch, treffe irreführende Grundannahmen über das ‚Wesen' ‚des' Menschen und sei im wesentlichen eine Zustandssoziologie. Diese will er durch eine Prozesssoziologie ersetzen (s. Abschnitt 6.1). Rückblickend kann man davon sprechen, dass Elias durch seinen weitgespannten und vielfältigen Ansatz eine *neue Synthesestufe* erreichen konnte.[23] Elias rechnet sich das mühsam erworbene Verdienst zu, „selbständig und unbekümmert um die älteren Autoritäten weiter zu denken und zu beobachten" (Adorno-Rede 1977/2006, 506), wie er es besonders nachdrücklich in der Adorno-Preis-Rede formuliert hat.

---

23 Diese Einschätzung nimmt Hermann Korte in der Zusammenfassung der Eliasschen Leistung und Position in der Soziologie vor (vgl. Korte 1997, 160-166). Elias selbst hat die Begriffe ‚Synthese' und ‚Syntheseebene' in zahlreichen Arbeiten benutzt, jedoch analytisch, etwa in Bezug auf die Wissenschaftsentwicklung, und nicht zur Beschreibung seiner eigenen Theorie.

3 Theorie und Geschichte der Menschenwissenschaften

3.1 Soziologie als Orientierungsmittel

Von 1965 an nahm Elias zahlreiche Gastprofessuren in den Niederlanden und in Deutschland wahr. Die intensive soziologische Lehrtätigkeit und die Arbeit an „Was ist Soziologie?" (Soziologie 1970/2006) hat ihn veranlasst, sich besonders eingehend mit den Grundgedanken und seiner Interpretation der Soziologie zu beschäftigen. Soziologisches Denken, so Elias, stünde allen Menschen gut an, nicht nur den ausgebildeten Soziologen:

> „Für mich ist die Soziologie ein Unterfangen, bei dem die Hauptaufgabe darin besteht, uns zu helfen, uns in dieser unseren sozialen Welt besser zu orientieren – uns besser zu orientieren, als wir gegenwärtig dazu in der Lage sind, und dementsprechend zu helfen, auch weniger blind zu handeln. Das gilt für die empirische wie für die theoretische Ebene" (Goudsblom-Gespräch 1970/2005, 100).

Menschen, so Elias, sind so eng in ihre jeweiligen Beziehungen und Zwänge unterschiedlichster Art verflochten, dass es ihnen kaum gelingt, Distanz zu dem herzustellen, was gerade geschieht. Als Alltagsmenschen, so Elias, sind wir häufig ‚blind' für die wirklichen Zusammenhänge und langfristigen Entwicklungen, deren Teil wir sind. Diese Metapher, das *Blindsein*, findet sich in vielen wissenschaftstheoretischen Ausführungen von Elias als Gegenbild zum soziologischen Denken (s. vor allem Zitate dieses Kapitels). Um im Bild zu bleiben: Als Soziologin und Soziologe *sieht man mehr*, ist man weniger gefangen in seinen Urteilen und in seinem unhinterfragten Wissen. Man gelangt dann zu einer größeren Autonomie, wenn man sich von den Festlegungen anderer, vermeintlich oder tatsächlich machtstärkerer Wissenschaften nicht einschüchtern und sich von seinen eigenen politischen Wünschen und persönlichen Interessen nicht ablenken lässt. Dann kann die Soziologie dazu beitragen, von gefährlichen „Phantasieerklärungen" weg zu einem sachorientierten Wissen zu gelangen (vgl. Soziologie

1970/2006: 32f.).²⁴ So betrachtet, verhilft die Soziologie nicht nur zu einer anderen Sicht, sondern sie macht überhaupt erst *sehend*.²⁵

In ihrem Alltag und in vielen öffentlichen Zusammenhängen (Medien, Politik u.a.) sind Menschen geneigt, sich auf die Probleme zu fixieren, auf das, was *nicht* funktioniert. Im Schlusskapitel der Studie „Etablierte und Außenseiter" erinnern Elias und sein Mitarbeiter John L. Scotson an die Blickverengungen, die durch diese auch in der Wissenschaft gängige Sicht entstehen. Nur durch die integrierte Sicht auf ‚abweichende' *und* ‚normale' Aspekte des menschlichen Zusammenlebens kann man soziale Prozesse in ihrer Gesamtheit erfassen:

> „Von dem her, was sich tatsächlich beobachten läßt, ist die Aufspaltung der Forschungsgegenstände je nachdem, ob sie ‚Dysfunktionen' oder ‚Funktionen' betreffen, ganz und gar künstlich. Sie bedeutet eine Trennung von Problemen, die de facto eng und oft unlöslich zusammenhängen, allein aufgrund ihrer unterschiedlichen Bewertung durch den Forscher. Man kann nicht erwarten, Erklärungen für etwas zu finden, was man als ‚schlecht', als ein ‚Fehlfunktionieren' von Gesellschaft beurteilt, wenn man nicht gleichzeitig zu erklären vermag, was man als ‚gut' oder ‚normal', als ein glattes ‚Funktionieren' betrachtet, und umgekehrt" (Etablierte und Außenseiter 1965/2002, 259).

Analyse *und* Synthese sind die Hauptaufgaben der Soziologie, die nur realisiert werden können, wenn man auf vorschnelle Wertungen und Klassifizierungen verzichtet.

„Außerdem bin ich nicht einverstanden mit derjenigen Wissenschaftstheorie, die davon ausgeht, daß die Wissenschaft keine andere Aufgabe hat, als zu analysieren. Gewiß, die Analyse ist *ein* Schritt, aber die Synthese ist ein anderer. Man kann keine analytische Methode gebrauchen, die keine Modelle dafür hat, das wieder zusammenzufügen, was man zergliedert hat. Daher glaube ich, alle Menschenwissenschaften werden letzten Endes ein Gesamtmodell interdependenter Menschen erarbeiten müssen, das in Übereinstimmung mit der Empirie verbessert und verändert werden kann – auf jeden Fall ein Modell, das zeigt, wie die zergliederten Teile zusammen-

---

24 Als Beispiele für die verheerenden Wirkungen von Phantasieerklärungen, zu denen Menschen greifen, nennt Elias an dieser Stelle Pest und Holocaust: „Der nationalsozialistische Mythos ist in unseren Tagen ein Beispiel für diese Art der Erklärung von gesellschaftlichen Nöten und Erregungen, die nach Entladung im Handeln suchen. Wie im Fall der Pest entlud sich auch hier die Erregung über zum guten Teil unverstandene gesellschaftliche Nöte und Ängste in Phantasierklärungen, die sozial schwächere Minderheiten als deren Urheber, als die Schuldigen, abstempelten und so zu deren Tötung führten" (Soziologie 1970/2006, 32).
25 Bezeichnenderweise trägt die erste Veröffentlichung von Elias den Titel „Vom Sehen in der Natur" (Sehen in der Natur 1921/2002).

gehören oder zusammengesetzt werden können" (Goudsblom-Gespräch 1970/2005, 109; Hervorh. im Original).

Elias plädiert für den Gebrauch *neuer Begriffe*, um herkömmliche, dichotome Denkmuster zu durchbrechen und den Menschenwissenschaftlerinnen und Menschenwissenschaftlern einen prozesssoziologischen Zugriff zu ermöglichen. Den Menschen generell könnte es über die Soziologie gelingen, einen Zugang zu ihrer Wirklichkeit zu entwickeln, der distanzierter, weniger gefühlsbetont und den eigenen Zwängen weniger verhaftet wäre. Eine absolute Distanz ist nicht realistisch und auch nicht erstrebenswert (s. Abschnitt 3.2), aber Elias verspricht sich von einem Denken in größeren Zusammenhängen wissenschaftliche und soziale Fortschritte. Hierzu gehört auch, sich des ‚Gewordenseins' (s. 2.1) der eigenen Gesellschaft bewusst zu werden. Denn aus Eliasscher Sicht neigt man dazu, die Dinge, die einem vertraut sind, für naturgegeben und unveränderlich und als dem Menschen äußerlich zu halten. So kommt seine Kritik an der entmenschlichenden Begrifflichkeit in den Sozialwissenschaften zustande:

„Gerade dies aber, das Gemeinsame in der Richtung nicht nur einer Sphäre, sondern in der alle Sphären umgreifenden Transformation der menschlichen Beziehungen ins Blickfeld zu rücken, ist die soziologische Aufgabe, um die es hier geht. Man kann das – vielleicht provisorisch – am besten tun, wenn man alle die etwas entmenschlichenden Begriffe, die man zur Kennzeichnung dieser Entwicklung gebraucht, in Gedanken wieder auf Menschen zurückbezieht. Industrialisierung bedeutet ja schließlich nichts anderes, als daß mehr und mehr Menschen sich beruflich als Unternehmer, Angestellte oder Arbeiter betätigen; Verwissenschaftlichung der Naturkontrollen bedeutet, daß mehr und mehr Menschen als Physiker oder Ingenieure arbeiten; Demokratisierung heißt, daß die Machtgewichte sich in höherem Maße der früheren ‚Plebs' zuneigen" (Soziologie 1970/2006, 83).

Die wissenschaftliche Entwicklung geschieht nicht in einem abgesonderten Bereich der Gesellschaft, sondern ist eng mit der allgemeinen Gesellschaftsentwicklung verbunden. Das Streben nach einer „archetypischen Wissenschaft" (Wissenschaften 1974/2006, 434) mit nur ‚einer' allgemeingültigen Methode hält Elias für vermessen und unangemessen. Seine wissenschaftstheoretische Position begründet sich darauf, dass er stets ein ganzes Geflecht von Wissenschaft*en* im Blick hat, die sich im Laufe von zwei bis drei Jahrhunderten ausdifferenziert haben. Gemeinsam ist ihnen die Entdeckung und Analyse von Strukturen, Prozessen und Mustern. Das letztendliche Ziel ist schließlich die Synthese, wie Elias auch in einer seiner späten Schriften, der Symboltheorie, nicht müde wird zu betonen:

"Das herkömmliche Apriori, die in unsere Denkweisen eingepflanzten Kategorien, lassen die Welt so erscheinen, als sei sie adäquat als Mannigfaltigkeit von Antithesen wie Himmel und Hölle oder Natur und Kultur zu begreifen. Niemand scheint aber je eingehend untersucht zu haben, ob die symbolische Repräsentation der Welt in Form einer Mannigfaltigkeit statischer Antithesen wirklich die beste Form ist, um die Welt so darzustellen, wie sie wirklich ist. Bei näherer Prüfung entdeckt man schnell, dass keine Antithese ihren Gegenstand ohne eine ergänzende Synthese, in den meisten Fällen eine prozessuale Synthese, angemessen repräsentieren kann" (Symboltheorie 1991/2001, 72).

Verbreitete Antithesen, so Elias, sind etwa die von ‚Natur' vs. ‚Kultur' (vgl. Symboltheorie 1991/2001, 72-74; s. auch Engler-Gespräch 1989/2005, 382), die vergessen lassen, wie fließend die Übergänge zwischen beiden sind und wie das Bild von Natur den Blick auf Kultur verändert und umgekehrt. Elias' Argumentation erinnert häufig, so auch hier, an konstruktivistische Denkmuster. Er akzentuiert jedoch weniger die Idee der Konstruktion, sondern seine Leitmotive der Prozesshaftigkeit, Dynamik und Bewegung (s. Abschnitt 2.1). Diese Grundprinzipien betreffen nicht nur die Entwicklung der Gesellschaft, sondern auch die Entwicklung von Begriffen. Dass wir Begriffe als statisch wahrnehmen, bestätigt für Elias nur, dass wir tendenziell blind für die tatsächliche gesellschaftliche Dynamik sind.

3.2 Engagement und Distanzierung

"Hinter den hier veröffentlichten Untersuchungen steht – halb verborgen – der Augenzeuge, der nahezu 90 Jahre lang den Gang der Ereignisse miterlebte. Aber das Bild, das man sich als persönlich Betroffener von den Ereignissen macht, ist gewöhnlich in charakteristischer Weise verschieden von dem Bild, das zutage tritt, wenn man sie mit der Reserve und aus der Distanz des Forschenden betrachtet. Die Kamera kann als Beispiel dienen. Man ist in der Lage, das Objektiv auf verschiedene Distanzen einzustellen – auf Nahsicht, auf mittlere Distanz, auf große Entfernungen. Ähnliches gilt für die Sicht dessen, der zugleich Mitlebender und Forscher ist" (Studien Deutsche 1989/2005, 7).

So beginnt Elias' Buch „Studien über die Deutschen", das 1989, ein Jahr vor seinem Tod, erstmals erschien. Diese Passage charakterisiert die Spannung, der sich Elias ausgesetzt sieht, und er betrachtet sie keineswegs nur als sein persönliches Problem, sondern als Grundsatzfrage für alle Sozialwissenschaftler.

Elias hat seine Auffassung von Soziologie ist *allen* seiner Veröffentlichungen explizit oder implizit benannt. *Programmatisch* hat er vor allem in folgenden Texten zum wissenschaftsgeschichtlichen und wissenschaftstheoretischen Ort

3.2 Engagement und Distanzierung

der Soziologie Stellung bezogen: in „Was ist Soziologie?" (Soziologie 1970/ 2006), in dem Aufsatz „Zur Theorie sozialer Prozesse" (Theorie sozialer Prozesse 1977/2006) und in „Engagement und Distanzierung" (Engagement und Distanzierung 1983/2003)[26].

Elias betrachtet Gesellschaften, aber auch die Wissenschaften selbst als historische Prozesse. Er unterscheidet zwischen den sog. physikalischen (Natur-) Wissenschaften und den sog. Menschenwissenschaften. Unter den Naturwissenschaften interessieren ihn vor allem die Biologie, Chemie, Physik, Medizin und Mathematik. Zu den Menschenwissenschaften zählen die Soziologie, Sozialpsychologie, Geschichte, Psychologie und weitere Sozialwissenschaften.

Elias erhebt für die von ihm vertretene Soziologie als Hauptzielsetzung das Prinzip der relativen Autonomie (s. Abschnitt 2.1). Als Teil der Gesellschaft und der historischen Entwicklung kann die Soziologie nie völlig autonom sein. Eine relativ autonome Position gegenüber verschiedenen Einflüssen verhilft ihr jedoch zu aussagefähigen Analysen (vgl. Soziologie 1970/2006: 57-59). Elias unterscheidet *drei Schichten der relativen Autonomie* (vgl. Soziologie 1970/2006: 75-77):

- die erste und grundlegende Schicht ist die relative Autonomie des Gegenstandsgebietes einer Wissenschaft von den Gegenstandsgebieten anderer Wissenschaften;
- die zweite Schicht ist die relative Autonomie der Wissenschaftstheorie über dieses Gegenstandsgebiet von vorwissenschaftlichen Theorien einerseits und von anderen Wissenschaftstheorien andererseits;
- die dritte Schicht ist die relative Autonomie der Wissenschaftler, hier also der Soziologen, innerhalb der Gruppierungen und Institutionen des Wissenschaftsbetriebs.

---

26 Die Ausgabe von „Engagement und Distanzierung" innerhalb der Gesammelten Schriften (Engagement und Distanzierung 1983/2003) enthält zusätzlich zur 1983 erstmals erschienenen deutschen Ausgabe die Übersetzung der neuen Einleitung, die Elias anlässlich der 1987 erschienenen englischen Ausgabe „Involvement and Detachment" verfasste (vgl. Engagement und Distanzierung 1983/2003, 7-103). Wie so häufig, nutzt Elias die Möglichkeit einer neuen Ausgabe (hier der englischen Ausgabe), um nochmals Stellung zu beziehen und seine Position zu präzisieren. Die neue ‚Einleitung' umfasst knapp 100 Seiten; sie ist stark durch die politische Situation in den 1980er Jahren (insbesondere das Wettrüsten) beeinflusst. – Michael Schröter hat die spezifische Haltung von Elias gegenüber seinen Texten, die er als niemals abgeschlossen betrachtete, in seinen „Erfahrungen mit Norbert Elias" anschaulich beschrieben; vgl. Schröter 1997, insbesondere 252-259.

Elias verwahrt sich dagegen, die Soziologie als eine Wissenschaft ‚im Schatten' etwa von Philosophie, Ökonomie oder Psychologie zu betrachten. Eine Perspektive wie die von George Caspar Homans, der die Soziologie der Psychologie unterordnet, käme für ihn nicht in Frage, denn Soziologie ist innerhalb der Menschenwissenschaften relativ autonom, ist vielleicht sogar die Menschenwissenschaft *par excellence*. Soziologie muss und kann sich von ihrem Minderwertigkeitskomplex, eine weniger ‚wissenschaftliche' und etablierte Wissenschaft als die Naturwissenschaften zu sein, lösen. Soziologie soll zum einen gegenüber anderen Wissenschaften und zum anderen dem politischen Tagesgeschehen gegenüber relativ autonom sein. Elias versteht seine Wissenstheorie als einen Beitrag zu einer „Emanzipationsbewegung unter den Soziologen" (Engagement und Distanzierung 1983/2003, 25).

Dies kann jedoch nur gelingen, wenn die Menschen, die diese Soziologie betreiben, ihre Position verändern und eine neue *Balance zwischen zwei grundsätzlichen Einstellungsformen* finden, zwischen *Engagement und Distanzierung*. Während in der Alltagssprache ‚Engagement' eher positiv und ‚Distanzierung' eher negativ besetzt ist, hält Elias Distanzierung für die erstrebenswerte Einstellungsform, an der es der Soziologie noch mangelt. Sie ist nicht einfach zu erreichen:

„Die gesellschaftlichen Abläufe gehen über längere Zeiträume hin betrachtet blind und ungesteuert vor sich – blind und ungesteuert wie ein Spielverlauf. Die Aufgabe der soziologischen Forschungsarbeit ist gerade, *dem menschlichen Verständnis diese blinden, ungesteuerten Vorgänge näherzubringen*; die Aufgabe besteht darin, sie zu erklären und eben damit Menschen die Orientierung in dem durch ihre eigenen Handlungen und Bedürfnisse herbeigeführten und zunächst undurchschaubaren Verflechtungsgewebe ebenso wie eine bessere Steuerung dieser Vorgänge zu ermöglichen. Aber wie ehemals der Übergang vom geozentrischen zum heliozentrischen Weltbild einen spezifischen Akt der Distanzierung verlangte, so verlangt auch der Übergang von einem Gesellschaftsbild, in dem man selbst und in dem die eigene Gruppe nicht mehr das Zentrum bilden, auch einen spezifischen Akt der Distanzierung. Hierin liegt die Schwierigkeit. Die Unterscheidung zwischen einer solchen soziologischen Distanzierung und einem weltanschaulichen oder ideologischen Engagement, das kurzfristige Gegenwartsprobleme und -ideale in den Mittelpunkt des gesamten Gesellschaftsbildes treten läßt, ist für viele Menschen heute noch im Denken wie im Handeln unvollziehbar" (Soziologie 1970/2006, 206f.; Hervorh. im Original).

Während engagierte Beobachterinnen und Beobachter fragen: „Was ist die Bedeutung dieses Ereignisses für uns?"; fragen distanzierte Beobachterinnen und Beobachter: „Was ist der immanente Mechanismus dieses Ereignisses?" (vgl. Engagement und Distanzierung 1983/2003, 196). Dieser Unterscheidung ordnet

3.2 Engagement und Distanzierung

Elias die Gegensatzpaare von Irrationalität und Rationalität bzw. von Subjektivität und Objektivität zu. Darüber hinaus geht es ihm jedoch weniger um eine genaue Festlegung dieser Dichotomien als um das *Verhältnis von Engagement und Distanzierung* im historischen Kontext verschiedener Gesellschaften, um den Wandel der „Engagement-Distanzierungs-Balance" (Engagement und Distanzierung 1983/ 2003, 31). Engagement und Distanzierung spielen für Elias beim Zugang zur gesellschaftlichen Wirklichkeit und beim Wissenserwerb in den Menschenwissenschaften eine entscheidende Rolle.

Im Gegensatz zu anderen Soziologinnen und Soziologen erkennt Elias die besondere Situation der eigenen Gruppe an. Ein völliger Verzicht auf Engagement sei nicht möglich und auch gar nicht wünschenswert:

> „Das Problem, vor dem Menschenwissenschaftler stehen, läßt sich also nicht einfach dadurch lösen, daß sie ihre Funktion als Gruppenmitglieder zugunsten ihrer Forscherfunktion aufgeben. Sie können nicht aufhören, an den sozialen und politischen Angelegenheiten ihrer Gruppen und ihrer Zeit teilzunehmen, können nicht vermeiden, von ihnen betroffen zu werden. Ihre eigene Teilnahme, ihr Engagement ist überdies eine der Voraussetzungen für ihr Verständnis der Probleme, die sie als Wissenschaftler zu lösen haben. Denn während man, um die Struktur eines Moleküls zu verstehen, nicht zu wissen braucht, wie man sich als eines seiner Atome fühlt, ist es für das Verständnis der Funktionsweise menschlicher Gruppen unerläßlich, auch als Insider zu wissen, wie Menschen ihre eigene und andere Gruppen erfahren; und man kann es nicht wissen ohne aktive Beteiligung und Engagement" (Engagement und Distanzierung 1983/2003, 128).

Soziologinnen und Soziologen befinden sich in dem Dilemma, einerseits dem Druck sozialer Probleme, andererseits dem Vorbildcharakter und der Dominanz der Naturwissenschaften ausgesetzt zu sein. Elias hält eine Aufhebung dieses Dilemmas für notwendig und auch für möglich – wenn folgende Prämissen berücksichtigt werden:

- Aktive Beteiligung und Engagement sind notwendig, aber nicht ausreichend. Es ist noch keine Wissenschaft, sich auf die Rolle eines „engagierten Exponenten sozialer Ereignisse" (Engagement und Distanzierung 1983/2003, 123) zu beschränken.
- Sozialwissenschaftlerinnen und Sozialwissenschaftler müssen ihre beiden Funktionen als Beteiligte mit „vorgefaßten und unerschütterlichen Gruppenidealen" (Engagement und Distanzierung 1983/2003, 132) einerseits und als Forscher andererseits auseinanderhalten.
- Sozialwissenschaft sollte möglichst frei von „heteronomen Wertungen", d.h. von sozialen oder politischen Überzeugungen sein. Heteronome Wer-

tungen sind für Elias „Wertungen, die von außerhalb, von der Parteinahme in Konflikten der weiteren Gesellschaft, in die wissenschaftliche Arbeit einströmen" (Engagement und Distanzierung 1983/2003, 157).

Elias fordert von Soziologinnen und Soziologen eine größere Distanz und Autonomie sowohl gegenüber den Problemstellungen und -lösungen, die in Gesellschaft und Politik gegenüber sozialen Ereignissen angewandt werden, als auch gegenüber dem Modell der machtstärkeren Gruppe der Naturwissenschaften. Für das Selbstverständnis und die Erkenntnisziele der Wissenschaft ist ein – wenn auch schwierig festzulegendes – Mindestmaß an Distanzierung notwendig. Wenn die Methoden der Naturwissenschaften kopiert und deren Gesetzmäßigkeitsideale auf die Menschenwissenschaften übertragen werden, besteht die Gefahr einer *Pseudo-Distanzierung*, wie Elias es nennt. Eine scheinbar ‚objektive' Methode diene „oft als ein Mittel, um Schwierigkeiten, die aus dem spezifischen Dilemma der Menschenwissenschaftler erwachsen, zu umgehen, ohne sich ihm zu stellen; in vielen Fällen schafft sie eine Fassade von Distanzierung, hinter der sich eine höchst engagierte Einstellung verbirgt" (Engagement und Distanzierung 1983/2003, 133).

Von der Biologie, der Kosmologie oder der Physik, so Elias in der neuen Einleitung zur englischen Ausgabe zu „Engagement und Distanzierung", kann die Soziologie allerdings auch etwas lernen, und zwar die Selbstverständlichkeit, mit der diese Wissenschaften eine längere Zeitperspektive einnehmen (vgl. Engagement und Distanzierung 1983/2003, 31). Den Soziologinnen und Soziologen, die häufig in kurzfristigen politischen Auseinandersetzungen gefangen sind, fällt dies relativ schwer. Umgekehrt können jedoch politische Akteure von soziologischem Wissen profitieren. Auch für sie kann Soziologie ein hilfreiches Orientierungsmittel sein:

„Vielleicht ist das die Aufgabe der künftigen Soziologen: sich nicht durch den Kampf der von starken Interessen und Affekten bestimmten Glaubensbekenntnisse beirren zu lassen, sondern als Spezialisten für die Orientierung in der menschlichen Gesellschaft realistischere Modelle für die derart Verstrickten auszuarbeiten – realistischere Modelle besonders auch als Orientierungsmittel für den Gebrauch in der weiteren Gesellschaft und nicht allein für den Soziologen" (Soziologie in Gefahr 1982/2006, 241).

3.3 ‚Natur' und ‚Zeit' – Sprache als Symbolmittel

Bei der Lektüre der Texte von Elias gewinnt man häufig den Eindruck, dass man an der Gedankenarbeit des Autors teilnimmt, wenn er ‚unterwegs' über Begriffe reflektiert, die andernorts als selbstverständlich vorausgesetzt werden. Gerade die Bezeichnungen, an die wir uns gewöhnt haben, sollten auf ihre Genese hin betrachtet werden. Die Tatsache, dass andere es für selbstverständlich halten, von ‚Gesellschaft' oder ‚Individuum' zu sprechen, stimmt ihn skeptisch. Ein neuer Begriff oder ein neues Begriffsverständnis ist für Elias immer Ausdruck davon, dass gesellschaftliche Konstellationen sich verändert haben. Denk- und Sprachmittel sind Symbole des menschlichen Zusammenlebens, die sich mit diesem verändern und die uns erst in den Stand setzen, bestimmte Dinge wahrzunehmen. Wir sehen nur das, von dem wir etwas wissen und das wir einordnen können:

„Nehmen wir ein ... Beispiel, das Wort ‚Virus'. Es wurde erfunden und standardisiert, als Erreger bestimmter Arten von Krankheiten entdeckt wurden, die kleiner als Bazillen sind, und als ein gemeinsames Symbol gebraucht wurde, mit dessen Hilfe sich die Menschen über diese Viren verständigen konnten. Ohne ein solches gemeinsames Symbol war die Kommunikation über sie schwierig, wenn nicht unmöglich. Aber der Bedarf an Namen beschränkt sich nicht auf seltene und ganz besondere Gegenstände. Die allergewöhnlichsten Dinge unseres Alltagslebens wie Knöpfe, Hemden, Treppen und Fahrräder benötigen eine standardisierte symbolische Repräsentation, damit wir über sie kommunizieren können. In der Tat bleibt den Angehörigen einer Sprachgemeinschaft alles das unbekannt, was in ihrer Sprache nicht symbolisch repräsentiert ist: Sie können darüber nicht miteinander kommunizieren" (Symboltheorie 1991/2001, 9f.).

Für Elias ist es von großem Interesse, unter welchen historischen und gesellschaftlichen Bedingungen ein Begriff entstanden ist und ob er auch für diejenigen Benutzer noch angemessen ist, die ihn womöglich unkritisch übernommen haben. Diesen Mechanismus sieht er bei den Konzepten der analytischen Wissenschaftstheorie am Werk, in denen er die Machtposition der Naturwissenschaften und eine bestimmte Spielart der Sozialwissenschaften durchscheinen sieht. Weshalb, so fragt Elias, sollte die Soziologie die Denkweisen und Begriffe der Physik übernehmen, z.B. ihren Gesetzes-Begriff. Ihrem Gegenstandsgebiet, den Menschen in Gesellschaften, werde sie nur gerecht, wenn sie sich von statischen Begriffen löse. Die Auffassung, dass sich Menschen und Gesellschaften permanent in Wandlungsprozessen befinden, schlägt sich in der Eliasschen Theorie bis in die Begrifflichkeit nieder. Er dreht jeden Begriff dreimal um, bis seine Tauglichkeit, die stets nur vorläufig ist, für ihn evident ist.

Ein anregendes Beispiel für diese Methode ist der Aufsatz „Über die Natur" (Natur 1986/2006), den Elias gegen Ende seines Lebens schrieb. Diesen Text kann man als Substrat der zentralen Eliasschen Leitmotive (s. Abschnitt 2.1) lesen. In ihm werden die Wissenssoziologie, die Symboltheorie und die Begrifflichkeit von Engagement und Distanzierung in der Analyse eines sozialen Phänomens verdichtet: der ‚Natur'. Menschen in heutigen Gesellschaften neigen dazu, ‚Natur' als etwas Positives und Idyllisches zu mystifizieren und verleugnen dabei die kulturelle Überformung von Natur ebenso wie das zerstörerische Potential natürlicher Kräfte. Das, was wir als ‚natürlich' betrachten, ist eine Metapher, ein von Menschen bearbeitetes Symbol: „Es ist eine selektiv von Menschen kultivierte und zivilisierte Natur, die wir bewundern" (Natur 1986/2006, 136).

Elias betont, dass es auch im Kontext der Ökologie- und Naturdebatte in eine Sackgasse führt, ‚Natur' als etwas vom Menschen Gesondertes zu betrachten:

> „Man kann nicht gut Verantwortung für die Umwelt ohne Verantwortung für die von ihr ‚Umgebenen' übernehmen. Es ist, anders ausgedrückt, eine Selbsttäuschung zu glauben, daß man wirksame Maßnahmen zum Schutz der nichtmenschlichen Natur auf diesem Planeten ergreifen könne, ohne gleichzeitig etwas für den Schutz und das Wohlergehen der Menschheit in Gegenwart und Zukunft zu tun. Die Situation der ‚Natur' auf dieser Erde hängt in letzter Instanz immer von der Situation der Menschheit und besonders von ihren Machtverhältnissen ab" (Natur 1986/2006).

Diese Stellungnahme wirkt angesichts der Debatte über den globalen Klimawandel, die seit 2006 intensiv geführt wird, besonders eindringlich. Denn es muss stets auf der politischen Ebene ausgehandelt werden, welche Art von ‚Natur-Schutz' eine Gesellschaft in der Abwägung mit widerstreitenden Interessen wie (Auto-)Mobilität oder ökonomischer Expansion national und global durchsetzen kann und möchte.

Ein weiterer symbolisch verdichteter Wissens- und Traditionsbestand, den Elias analysiert hat, ist die ‚Zeit'. In der wissenssoziologischen Studie „Über die Zeit" (Zeit 1984/2004) beschäftigt sich Elias mit den grundlegenden Fragen, wie alltägliches Wissen zustande kommt und wie es sich mit veränderten gesellschaftlichen Bedingungen wandelt. Elias' Zeit-Untersuchung reicht über den eigentlichen Untersuchungsgegenstand hinaus und ist eine Analyse der Gegenwartsgesellschaft. [27]

Verglichen mit anderen Symbolen ist die Zeit ein reines Beziehungssymbol, ein Symbol von Beziehungen auf einer hohen Abstraktionsstufe. Dies wird deutlich, wenn man heutige Gesellschaften mit früheren vergleicht. Diese besaßen häufig ein solches Symbol nicht, sie brauchten es nicht. Treffen Mitglieder westlicher Gesellschaften etwa auf Mitglieder indianischer Gesellschaften, so ist es oder war es sehr wahrscheinlich, dass der moderne Zeitbestimmungswunsch, der

---

27 Lutz Rosemann hat in seiner Arbeit die Zeit-Studie von Elias im Kontext seines Werkes untersucht (vgl. Rosemann 2003).

3.3 ‚Natur' und ‚Zeit' – Sprache als Symbolmittel

selbstverständliche Rückgriff auf Uhren, ins Leere läuft, wie eine Studie zum gegensätzlichen Zeiterleben von Amerikanern und Pueblo-Indianern illustriert (vgl. Zeit 1984/2004, 173ff.). Selbst in vergleichbar strukturierten Gesellschaften sind der Zeitbegriff und der Umgang mit Zeit häufig ein anderer. Zwischen und innerhalb dieser Gesellschaften gibt es beträchtliche soziale und kulturelle Differenzen. So sind ‚die Deutschen' für einen besonders peniblen und bürokratischen Umgang mit Zeit bekannt.

Für Elias ist ‚Zeit' – wie die ‚Natur' – kein objektivierbarer, äußerlicher Faktor, der unabhängig von Individuen als ‚Ding' existiert. Der moderne, gegenwärtige Umgang mit Zeit ist sowohl eine individuelle Erfahrung wie ein sozialer Prozess. Das, was wir heute unter ‚Zeit' verstehen, ist nicht einfach ‚da', sondern muss in einem mehrjährigen Lernprozess angeeignet werden:

> „Ein Kind, das in einer der hoch zeitregulierten und industrialisierten Staatsgesellschaften des 20. Jahrhunderts aufwächst, braucht sieben bis neun Jahre, um ‚die Zeit zu lernen', d.h. um das komplizierte Symbolsystem der Uhren und Kalender exakt zu lesen und zu verstehen und um sein eigenes Fühlen und Verhalten entsprechend zu regulieren. Wenn sie aber diesen Lernproßeß hinter sich gebracht haben, scheinen die Mitglieder solcher Gesellschaften zu vergessen, daß sie die ‚Zeit' lernen mußten" (Zeit 1984/2004, 175).

Der heutige rationale, durchorganisierte und institutionalisierte Umgang mit Zeit ist uns in Fleisch und Blut übergegangen. Dabei wird häufig vergessen, dass er sowohl Ursache, Begleiterscheinung wie Folge von Industrialisierung war. Dieser Umgang ist nur dann denkbar, wenn Gesellschaften und die in ihnen lebenden Menschen zu einem neuen Ausmaß an Synthese fähig sind:

> „Die Entwicklung des Standards der menschlichen Betätigungen und Vorstellungen im Umkreise dessen, was wir heute als ‚Zeit' begreifen, ist selbst ein gutes Beispiel für die Entwicklung menschlicher Symbole im Sinne einer sich allmählich ausweitenden Synthese. Für die Art der Zeitbestimmung von Gesellschaften auf einer früheren Stufe der Entwicklung ist etwa eine Aussage wie ‚Wenn wir uns kalt fühlen' charakteristisch. Auf einer etwas späteren Stufe besitzt eine Menschengruppe vielleicht schon das weniger persönliche Symbol ‚Winter'. Heute benutzt man über die ganze Erde hin einen Kalender, der anzeigt, in welchem Monat der Winter beginnt; und diesen Kalender gebrauchen auch Menschen in Erdteilen, wo es in den ‚Wintermonaten' recht warm ist" (Zeit 1984/2004, 167f.).

An dem Gebrauch und den Begriffen von ‚Zeit' lässt sich die *Widersprüchlichkeit sozialer Entwicklungen* gut illustrieren. Gegenläufige Prozesse geschehen gleich-‚zeitig':

- Auf der einen Seite macht die technische Entwicklung lückenlose und perfekte Zeiterfassung und Dokumentation von Geschwindigkeit möglich. So wäre etwa der Hochleistungssport ohne eine ausdifferenzierte Zeitmesstechnik, die nicht nur nach Zehntel-, sondern nach Hundertstel-Sekunden unterscheiden kann, undenkbar. Zeiterfassungsgeräte für die Erfassung der Arbeitszeiten der Beschäftigten sind nicht nur in Fabriken, sondern auch in Hochschulen und Behörden gängig. Zeitdruck, Stress, verkürzte Mittagszeiten, Fastfood und Selbstbedienungsrestaurants für noch mehr Geld- und Zeit-‚Gewinn' zeigen die Notwendigkeit und den Bedarf eines ‚optimalen timing' an. *Zeit wird weiter formalisiert.*
- Auf der anderen Seite verschwinden die Uhren als sichtbare Gegenstände aus dem Alltag. In heutiger Zeit tragen viele Menschen keine Armbanduhr mehr, sondern informieren sich über die Datums- und Zeitanzeige ihres Handys. (Teure) Armbanduhren sind dann eher modisches Accessoire und ein Mittel der sozialen Distinktion (vgl. Bourdieu 1987); für eine genaue Zeitanzeige benötigt man sie nicht. Des Weiteren hat offenbar die Digitalzeit den ‚Sieg' davongetragen: In vielen Haushalten gibt es keine ‚richtige' Uhr mit Zeigern mehr. Nicht nur bei Weckern, sondern an vielen Elektronikgeräten sind Digitalanzeigen integriert, sodass der von Elias beschriebene mühsame Prozess des ‚Uhrlernens' in der Schule möglicherweise erst durchgesetzt werden muss bzw. auf Widerstände bei Eltern und Kindern stößt. Des Weiteren wird – auch in der für ihre Zeitgenauigkeit berühmten deutschen Gesellschaft – Pünktlichkeit im privaten Kontext relativiert. Die Norm der permanenten Erreichbarkeit über Mobiltelefone geht mit der Möglichkeit einher, Termine und Verabredungen ständig neu zu koordinieren. *Der Umgang mit Zeit wird diesbezüglich lockerer und informeller.*

Auf einer weiteren Ebene nimmt in zahlreichen Gegenbewegungen zum Zeitdruck das Interesse für Verlangsamungen, Klosteraufenthalte, Sabbatjahre, Wellness, Yoga u.a. zu. Allerdings handelt es sich dabei in der Regel um befristete Auszeiten, an die sich in der Regel der Wiedereinstieg in die üblichen, hektischen Abläufe anschließt.[28]

---

28 Zur Zeit-Thematik gibt es eine Fülle von kulturwissenschaftlichen und gesellschaftskritischen Studien. Stellvertretend sei hier auf Karlheinz A. Geißler hingewiesen, der in zahlreichen Veröffentlichungen die zunehmende Beschleunigung und Verdichtung in heutigen ‚Zeiten' kritisiert. So charakterisiert er in einem kürzlich erschienenen Essay als neuen Typus den „Simultanten", der das ‚Multitasking' perfekt beherrscht: „Man begegnet Simultanten, die mit 150 Stundenkilometern am Steuer ihrer Automobile lang anhaltende Telefongespräche führen, andere, die beim Einkaufen, im Zug, am Badestrand und manchmal auch beim Mittagessen Ge-

3.3 ‚Natur' und ‚Zeit' – Sprache als Symbolmittel

Durch die beschriebenen Informalisierungsprozesse[29] scheint die individuelle Freiheit im Umgang mit der Zeit zugenommen zu haben. Für Elias ist diese Freiheit jedoch nur scheinbar: Der einzelne Mensch muss sein Verhalten „auf die etablierte ‚Zeit' der jeweiligen Gruppe abstimmen, der er angehört" (Zeit 1984/2004, 154). Zeit ist ein Hilfsmittel und zugleich ein Zwang, wie Elias in dem Vortrag über „Technisierung und Zivilisation" auf dem Bremer Soziologentag im Jahr 1986 illustriert:

> „Die fortschreitende Technisierung des Transports im 19. und 20. Jahrhundert ist gewiß eindrucksvoll, und ohne Zweifel verlangte die allmähliche Entwicklung wie der Gebrauch dieser Transportmittel eine hohe Disziplinierung der beteiligten Menschen, eine gleichmäßige und wohltemperierte Selbstregulierung. Und zwar nicht nur der Zugführer, der Autofahrer, der Flugzeugpiloten und der Reparaturmechaniker, sondern auch der Passagiere, der Fahrgäste und der Fußgänger. Auf die Minute, vielleicht sogar auf die Sekunde genau fahren in vielen entwickelteren Ländern die Züge ab" (Technisierung 1986/2006, 198).

Am Beispiel der Zeit und des ‚timing' thematisiert Elias ein weiteres Mal das Gewordensein von sprachlichen Symbolen und das enge Ineinandergreifen von Fremdregulierung und Selbstregulierung (vgl. Zeit 1984/2004, 49; vgl. auch Richter 2005).

---

schäfte tätigen, die sie dann bei einer Tasse Kaffee wieder rückgängig machen, und schließlich auch noch solche, die an Stehtischen ihre Laptops füttern, dabei wahlweise Prosecco oder Espresso zu sich nehmen und seichte Gespräche mit ihren Tischnachbarn führen. Niemals zuvor in der Geschichte wurde so offensichtlich und so augenfällig, dass der Mensch nicht nur ein tätiges, sondern auch ein nebentätiges Wesen ist" (Geißler 2007, 109f.).

29 Zur Informalisierung vgl. näher Abschnitt 4.3.

4 Zivilisation

In den Jahren 1934 und 1935 saß Elias, exilierter deutscher Jude, im berühmten Lesesaal des British Museum in London und beschäftigte sich mit den Entwicklungen des Mittelalters, des Humanismus, der höfischen Gesellschaften und der Aufklärung im Europa des 14. bis 18. Jahrhunderts. Sein empirisches Material waren vor allem die in lateinischer Sprache, in mittel- und althochdeutsch oder altfranzösisch abgefassten Manieren- und Erziehungsschriften.[30] Es ging ihm darum, die langfristigen Transformationen der Persönlichkeits- *und* Gesellschaftsstrukturen zu untersuchen. Sein Blick war auf die zivilisatorischen Weiterentwicklungen von Menschen, auf die Verfeinerung ihrer Sitten und Gebräuche einerseits und die gesamtgesellschaftlichen Veränderungen, etwa den Staatsaufbau oder die Steuerpolitik gerichtet. Diese Veränderungen fasste er unter den Begriff des „Zivilisationsprozesses". Auf eine moralische oder politische Bewertung kam es ihm dabei nicht an:

„Die Möglichkeit, die Zusammenhänge zwischen Individualstrukturen und Gesellschaftsstrukturen schärfer herauszuarbeiten, ergab sich bei den folgenden Untersuchungen gerade daraus, daß von dem Wandel beider, von dem Prozeß ihres jeweiligen Werdens und Gewordenseins, hier nicht als von etwas Strukturfernem, etwas ‚bloß Historischem' abstrahiert wurde. Denn das Werden von Persönlichkeits- und Gesellschaftsstrukturen vollzieht sich in unauflösbarem Zusammenhang beider miteinander. Man kann nie mit Bestimmtheit sagen, daß die Menschen einer Gesellschaft zivilisiert *sind*. Aber man kann aufgrund von systematischen Untersuchungen unter Hinweis auf nachprüfbare Belege recht wohl mit hoher Bestimmtheit von einigen Menschengruppen sagen, daß sie zivilisierter *geworden sind*, ohne notwendigerweise damit den Gedanken zur verbinden, daß es besser oder schlechter ist, daß es einen positiven oder negativen Wert hat, zivilisierter geworden zu sein" (Über den Prozeß 1939/1997, I, 22; Hervorh. im Original).[31]

---

30 Für die Ausgabe in den Gesammelten Schriften (Über den Prozeß 1939/1997) wurden diese von Elias ursprünglich direkt zitierten Belege erstmalig übersetzt.
31 Bei den hier erwähnten Belegen handelt es sich primär um literarische Quellen und um Ratgeberliteratur wie Manierenbücher, aber auch Schulbücher (Über den Prozeß 1939/1997 I, 276) oder die Abbildungen im sog. ‚Mittelalterlichen Hausbuch' der Jahre 1475 bis 1480 (Über den Prozeß 1939/1997 I, Kap. 2, Abschnitt 11).

Der Zivilisationsbegriff ist ein umstrittener und in politischen Zusammenhängen umkämpfter Begriff (s. Abschnitt 4.1). Elias konstatiert selbst, dass der Verweis auf ‚Zivilisation' und ‚Zivilisiertheit' als Herrschaftsinstrument diene bzw. gedient habe:

> Die „strenge Verhaltensregelung ... ist ein Prestigeinstrument; aber sie ist – in einer bestimmten Phase – zugleich ein Herrschaftsmittel. Es ist nicht wenig bezeichnend für den Aufbau der abendländischen Gesellschaft, daß die Parole ihrer Kolonisationsbewegungen ‚Zivilisation' heißt" (Über den Prozeß 1939/1997, II, 438).

Diese Art der Instrumentalisierung ist keineswegs abgeschlossen, wie die in den 1990er Jahren begonnenen und seit dem 11.9.2001 intensivierten Auseinandersetzungen um den „Clash of Civilizations" (Huntington 1997) zeigen. Dass der Zivilisations-Begriff ‚zur Wertung einlädt' (s. auch Kap. 7),[32] sollte man bedenken und kann sich gleichwohl auf die Begründung der Zivilisationstheorie konzentrieren, die Elias vorgelegt hat. Seine Arbeiten geben dem Zivilisations-Begriff erstmalig eine soziologische Substanz und eine historisch-genetische Struktur. Insofern kann Elias völlig zu Recht als führender soziologischer Vertreter der Zivilisationstheorie gelten.

4.1 Untersuchung und Begriff der Zivilisation

‚Zivilisation' (lat. civilis, bürgerlich) dient umgangssprachlich als Sammelbegriff für langfristig wirksame kulturelle Errungenschaften. Im *kulturgeschichtlichen* Sprachgebrauch wird Zivilisation meist historisch und räumlich abgegrenzt, wenn man etwa von der babylonischen oder griechischen Zivilisation spricht. In der *politischen* Auseinandersetzung fungiert Zivilisation als Kampfbegriff der politischen Selbstvergewisserung gegenüber als weniger zivilisiert eingeschätzten Gesellschaften. In der *Soziologie* versteht man unter ‚Zivilisation' Veränderungen der Verhaltensregulierung, die mit gesellschaftlichen Wandlungsprozessen einhergehen. Einigkeit besteht hier darüber, dass es sich bei Zivilisation um keinen endgültigen Zustand, sondern um einen Prozess handelt. Insofern geht es im Grunde nicht um Zivilisation, sondern um *Zivilisierung*.

---

32 Diese Formulierung stammt von Helmut Kuzmics (Gespräch mit der Verfasserin Juni 2007). Vgl. seinen anregenden Aufsatz zur „Soziologie als Erzählung" (Kuzmics 2007), in dem er neben Elias drei weitere Klassiker auf ihre Sprache und Haltung zur Welt hin untersucht: Max Weber, Erving Goffman und Theodor W. Adorno. Dort reflektiert er auch die Schwierigkeit, sich sachlich zum Zivilisationsprozess zu äußern (vgl. Kuzmics 2007, 63f.).

4.1 Untersuchung und Begriff der Zivilisation

Die *Begriffsgeschichte* von Zivilisation ist komplex (vgl. Fisch 1992). Grundlegend für den deutschsprachigen Raum sind die Überlegungen von Immanuel Kant, die er in der Veröffentlichung „Idee zu einer allgemeinen Geschichte in weltbürgerlicher Absicht" (Kant 1917 [1784]) formuliert hat. Kant setzte die höherrangige, mit innerlichen, moralisch-sittlichen Qualitäten verbundene Kultur in Gegensatz zur bloß äußerlichen *Zivilisiertheit*. Diese Unterscheidung spielte für das Selbstverständnis der deutschen Gesellschaft in Abgrenzung von der französischen Gesellschaft im 19. Jahrhundert eine wichtige Rolle. Einen Höhepunkt fand diese zivilisationskritische Sicht, in der Zivilisation als Bedrohung der Kultur aufgefasst wurde, in den Schriften Oswald Spenglers. Auf die damals vieldiskutierte Schrift „Der Untergang des Abendlandes" (Spengler 1918/1922) und Spenglers abgrenzenden Kulturbegriff bezog sich auch direkt die erste Anmerkung von Elias in „Über den Prozeß der Zivilisation" (vgl. Über den Prozeß 1939/1997, I, 91).

Elias ging einen anderen Weg als Kant und Spengler. Er untersuchte unter Rückgriff auf Max Weber und Sigmund Freud den Zivilisationsprozess auf der gesellschaftlichen (Soziogenese) wie auf der individuellen Ebene (Psychogenese). Er nimmt die sozialen Verhaltensmodelle der mittelalterlichen und der höfischen Gesellschaft zum Ausgangspunkt, um die Verschiebung von Fremdzwängen zu Selbstzwängen zu zeigen.

„Viele Menschen sehen als das Kernstück der Zivilisation Technik, Wirtschaftsleben und ähnliche Erscheinungen an. Das ist ein Missverständnis. Maßgebend für Stand und Charakter der Zivilisation ist das Verhalten der Menschen zueinander, ihr Verhalten in allen möglichen Lebenslagen, im privaten und öffentlichen Leben, im Alltag und bei Festen. Das ist der Prüfstein für die Stufe, die ein Volk auf dem langen Wege der Zivilisation erreicht hat" (Ritterleben 1947/2006, 7).

In den „Notizen zum Lebenslauf" fasst Elias die Intention zusammen, die er mit dem Zivilisationsbuch verfolgte:

„Ich suchte etwas beizutragen, diese Desideologisierung soziologischer Theorien in Gang zu bringen. Es war schwieriger, als ich gedacht hatte. In meinem Buch *Über den Prozeß der Zivilisation* war es mir, wie ich hoffte, gelungen, theoretische Probleme wie das der zivilisatorischen Veränderung von Menschen und die eng damit verbundene langfristige Verwandlung der staatlichen Integrationsebene von Menschen mit Hilfe von detaillierten empirischen Belegen in den Griff zu bekommen" (Lebenslauf 1984/2005, 73; Hervorh. im Original).

Woran macht Elias fest, dass eine Gesellschaft grundsätzlichen strukturellen Wandlungen unterliegt? Er richtet seinen Blick dabei sowohl auf die Alltagsebene als auch auf übergeordnete Makroprozesse. Strukturelle Wandlungen zeigen sich an dem *Umgang mit natürlichen und alltäglichen Verrichtungen* ebenso wie an der Frage einer wachsenden oder abnehmenden *Differenzierung* bzw. *Integration von größeren gesellschaftlichen Einheiten.* Über den Schwerpunkt der Gedankenführung der beiden Bände geben die jeweiligen Untertitel Aufschluss:

Band 1 trägt den Untertitel „Wandlungen des Verhaltens in den weltlichen Oberschichten des Abendlandes".

Band 2 trägt den Untertitel „Wandlungen der Gesellschaft. Entwurf zu einer Theorie der Zivilisation".

Das Auffallende an der Zivilisationstheorie ist der Sachverhalt, dass Elias nicht das Bürgertum, sondern den *Adel* als Motor des gesellschaftlichen Wandels ansieht. Die *weltlichen Oberschichten*, wie er sie auch im Titel bezeichnet, sind für ihn die „modellbildenden Kreise" (Über den Prozeß 1939/1997, I, 247). Sie sind diejenigen, die sich von nachrückenden Schichten abgrenzen oder gegen Konkurrenz in der eigenen Gruppe behaupten müssen und aufgrund dieser Dynamik neue Verhaltensmodelle entwickeln. Diese Perspektive ist insofern ungewöhnlich, als man die Oberschichten und insbesondere die Aristokratie gängigerweise als starr und konservativ betrachtet und diesen Gruppen eher die Verhinderung von Fortschritt zuschreibt. Elias betrachtet jedoch die Oberschichten als treibende Kräfte, deren Ideen und Praktiken sich nach und nach in den weiteren Schichten der Bevölkerung durchsetzen.

Elias untersucht im ersten Band, was wann von wem und weshalb als ‚gutes' bzw. ‚schlechtes' Benehmen bezeichnet wird. In der französischen Gesellschaft des 17. Jahrhundert greift, so Elias in Anlehnung an die Schriften von Autoren wie Antoine de Courtin oder Francois de Callières, die sog. ‚Délicatesse' um sich. Es wird z.B. zunehmend als peinlich erachtet, aus einer gemeinsamen Schüssel zu essen:

> „Zunächst ist diese ‚Délicatesse', diese Sensibilität und das besonders entwickelte Gefühl für ‚Peinliches', unterscheidendes Merkmal kleiner, höfischer Kreise, dann der höfischen Gesellschaft. Das gilt für die Sprache genau, wie für die Essgebräuche. Worauf sie sich gründet, und warum die ‚Delikatesse' gebietet, dies zu tun und jenes zu lassen, wird nicht gesagt und nicht gefragt. Was sich sehen läßt, ist einfach, daß die ‚Delikatesse' oder anders ausgedrückt, die Peinlichkeitsschwelle vorrückt. In Zusammenhang mit einer ganz bestimmten, gesellschaftlichen Situation wandelt sich Empfinden und Affektlage zunächst in der Oberschicht, und der Aufbau der Gesamtgesellschaft läßt diesen veränderten Affektstandard sich langsam über die Gesellschaft hin ausbreiten" (Über den Prozeß 1939/1997, I, 246).

4.1 Untersuchung und Begriff der Zivilisation

Diese Ausdifferenzierung des Verhaltens erfüllt die Funktion der Abgrenzung nach ‚unten', also gegenüber den aufstrebenden Mittelschichten.[33] Wandlungen des Verhaltens macht Elias in allen Bereichen des alltäglichen Lebens aus. In den vom ihm analysierten Dokumenten geht es um Normen für angemessenes Sprechen, um die Frage, ob Urinieren und Stuhlgang vor anderen Menschen oder hinter spezifischen Kulissen verrichtet werden soll, wie man sich die Nase putzt oder ob Kinder Zeugen des elterlichen Geschlechtsverkehrs sein dürfen oder nicht. Wichtige Autoren sind für Elias der niederländische Theologe und Humanist Erasmus von Rotterdam, Galateo, Castiglione und della Casa. Elias erkennt Wandlungsprozesse gesellschaftlicher Verhaltensstandards z.B. durch den Vergleich unterschiedlicher Auflagen der Schriften dieser Autoren. Erasmus[34] spielt für Elias eine herausragende Rolle: Seine Erziehungsschriften markieren „einen Punkt in der Zivilisationskurve" (Über den Prozeß 1939/1997, I, 273).[35]

Elias geht es darum, die soziale Funktion von Verhaltensänderungen und die Mechanismen ihrer Ausbreitung zu untersuchen. Neue Regeln werden nicht oder nicht ausschließlich aufgrund von technischen Neuerungen oder hygienischen Standards erlassen, und schon gar nicht von einzelnen Personen, sondern setzen sich nur ganz allmählich durch. Als Menschen heutiger Zeit, die es nicht anders kennen, überrascht es uns, dass diese Standards erst nach und nach ‚geworden sind':

---

33 Eine ähnliche Perspektive findet sich auch bei Georg Simmel und bei Pierre Bourdieu. Bourdieu hat unter dem Titel „Die feinen Unterschiede" (Bourdieu 1987) als grundlegenden sozialen Mechanismus die Distinktion untersucht. Er versteht Distinktion als ein Verhalten, das Unterschiede setzt. Dies funktioniert nicht nur von den ‚oberen' gegenüber den ‚unteren' Schichten, sondern auch umgekehrt, wenn z.B. das Essen in teuren Restaurants mit seiner ausdifferenzierten Menü-, Besteck- und Geschirrfolge als gekünstelt und ungemütlich abgelehnt wird (vgl. Bourdieu 1987, 292f.).

34 Der Humanist und Theologe Erasmus von Rotterdam lebte von 1466 bzw. 1469 bis 1536 und galt als Gegenspieler von Luther.

35 Nach Horst Rumpf hat erst Elias die theoretische Tragweite der auf Verinnerlichung angelegten Postulate von Erasmus erkannt: „Die Veränderungen in der Subjektivität von Menschen werden mangels eines geeigneten theoretischen Apparats nicht in den Blick genommen – hier wirken heute die Arbeiten von Norbert Elias ... bahnbrechend, insofern in ihnen der Zusammenhang deutlich wird zwischen Veränderungen in den gesellschaftlichen Beziehungen der Menschen und Veränderungen in den Empfindungswelten, der Art also, wie Triebe und Affekte kontrolliert und kanalisiert werden. Die Kritik an der Äußerlichkeit des religiösen Kults und die Kritik an Prügelstrafen, an liebloser Erziehung wie schließlich die Vorschläge des Erasmus für das, was wir heute Erziehung zu Höflichkeit, Erziehung zu guten Umgangsformen nennen – diese wichtigen und sehr wirksamen Stränge der publizistischen Arbeit von Erasmus hängen zusammen" (Rumpf 1991, 24f.).

„Weder Löffel, noch Gabel, oder Serviette werden einfach, wie ein technisches Gerät, mit klar erkennbarem Zweck und deutlicher Gebrauchsanweisung einer Tages von einem Einzelnen erfunden; sondern durch Jahrhunderte wird unmittelbar im gesellschaftlichen Verkehr und Gebrauch allmählich ihre Funktion umgrenzt, ihre Form gesucht und gefestigt. Jede noch so kleine Gewohnheit des sich wandelnden Rituals setzt sich unendlich langsam durch, selbst Verhaltensweisen, die uns ganz elementar erscheinen oder ganz einfach ‚vernünftig', etwa der Brauch, Flüssiges nur mit dem Löffel zu nehmen; jeder Handgriff, die Art z.B., in der man Messer, Löffel oder Gabel hält und bewegt, wird nicht anders, als Schritt für Schritt standardisiert" (Über den Prozeß 1939/1997, I, 236).

Im Vergleich von Mittelalter und Neuzeit, so Elias, haben sich allmählich neue Verhaltensstandards durchgesetzt, die z.B. durch Differenzierung etwa des Essbestecks, die Tabuisierung von Rülpsen und Furzen in der Öffentlichkeit und die Intimisierung und Privatisierung körperlicher Verrichtungen und der sozialen Beziehungen insgesamt gekennzeichnet sind. Die Zeit des Mittelalters war tendenziell durch stärkere Unmittelbarkeit von Gewalt und Körperlichkeit gekennzeichnet: „Das Gros der weltlichen Oberschicht des Mittelalters führte das Leben von Bandenführern" (Über den Prozeß 1939/1997, I, 362). Was früher Lust erregte, so Elias unter Hinweis auf öffentliche Hinrichtungen oder Spektakel wie Katzenverbrennungen im Paris des 16. Jahrhunderts (vgl. Über den Prozeß 1939/1997, I, 374f.), erregt später und heute Unlust (vgl. auch Reicher 2003).

Aus diesen Tendenzbeschreibungen wird häufig abgeleitet, dass Elias insbesondere die Menschen des Mittelalters als ‚unzivilisiert' abwerte und ihnen unterstelle, sie hätten überhaupt kein Schamempfinden und keine Abscheu gegenüber Gewalt gekannt (vgl. Duerr 2002).[36] Elias selbst hat betont, dass es Menschen, die ihre Triebe frei und ungehindert ausleben könnten, zu keinem historischen Zeitpunkt gegeben habe: „Der Mensch ohne Restriktionen ist ein Phantom" (Über den Prozeß 1939/1997, I, 391).

Elias sieht ‚die Natur des Menschen' als relativ unveränderlich, die gesellschaftliche Modellierung seiner Triebe jedoch, also seiner Aggressivität, seines Geschlechts- oder auch seines Geltungstriebes, als stark wandelbar an. ‚Der Mensch' als solcher bleibt (sich) gleich, aber die Vorstellung des Zivilisationsprozesses geht mit einem neuen Menschenbild einher:

---

36 Die Debatte zwischen Duerr und Elias hat Michael Hinz detailliert aufgearbeitet (vgl. Hinz 2002). Die Kontroverse um die Menschenbilder von Mittelalter vs. Neuzeit dauert an, wie ein neuerer Aufsatz (vgl. Paul 2007) zeigt. In der Geschichts- und Literaturwissenschaft wird gelegentlich die Generalisierbarkeit der Quellen, die Elias benutzt hat, selbst für die Oberschicht in Zweifel gezogen (vgl. Schnell 2004).

„Denn im Laufe dieses Prozesses verändert sich die Struktur der einzelnen Menschen; sie werden ‚zivilisierter'. Und solange man sich den einzelnen Menschen wie einen von Natur verschlossenen Behälter mit einer äußeren Schale und einem in seinem Innern verborgenen Kern vorstellt, muß es unverständlich bleiben, wie ein viele Menschengenerationen umfassender Prozeß der Zivilisation möglich ist, in dessen Verlauf sich die Persönlichkeitsstruktur des einzelnen Menschen wandelt, ohne daß sich die Natur des Menschen wandelt" (Über den Prozeß 1939/1997, I, 67f.).

1986 bezieht Elias, mehr als vierzig Jahre nach der Erstveröffentlichung von „Über den Prozeß der Zivilisation", in seinem Lexikonartikel zum Stichwort „Zivilisation" (Zivilisation 1986/2006) die wiederholt geäußerte Kritik an der Zivilisationstheorie mit ein. Dieser Text kann deshalb als Elias' abschließendes Statement zum Zivilisationsbegriff gelesen werden. Dort betont er, dass die westlichen Gesellschaften zwar spezifische Muster der Zivilisierung entwickelt haben, die zivilisatorische Grundstruktur jedoch universal sei. Im „umfassenden menschheitlichen Zivilisationsprozeß" (Zivilisation 1986/2006, 113) spielt die Entwicklung von Selbstzwängen (s. Abschnitt 4.3) eine herausgehobene Rolle:

„Der gesellschaftliche Zwang zum *Selbstzwang* und das Erlernen einer individuellen Selbstregulierung im Sinne wandelbarer Zivilisationsmuster sind *soziale Universalien*" (Zivilisation 1986/2006, 112f.; Hervorh. im Original).

Erstaunlich ist weniger – so hebt Elias mehrfach hervor – dass wir so wenig, sondern dass wir *überhaupt* so zivilisiert sind.

4.2 Gesellschaftliche Stärke, Monopole und Königsmechanismus

Im zweiten Band des Zivilisationsbuches holt Elias zu einer groß angelegten historischen Studie aus. Sie umfasst nicht mehr ‚nur' den Zeitraum vom 14. bis 18. Jahrhundert, um den es im ersten Band primär ging, sondern analysiert die Strukturen des Mittelalters, von seinen Anfängen im 5. Jahrhundert an bis zum Übergang in die Neuzeit. Im Mittelpunkt steht zunächst das fränkische Reich zur Zeit der Merowinger (ab dem 5. Jahrhundert) und der Karolinger (ab dem 7. Jahrhundert).

Elias richtet den Blick nun weniger auf die Mikroprozesse des Benehmens und der Manieren einzelner Akteure und Menschengruppen wie im ersten Band, sondern auf institutionelle und staatliche *Makroprozesse*. Eine zentrale Eliassche Perspektive des ersten Bandes findet jedoch auch im zweiten Band ihren Niederschlag: das Leitmotiv der *wechselseitigen Abhängigkeit der Menschen* voneinander (s. Abschnitt 2.1.1). Diese kann, wie Elias in Bezug auf die wachsenden

Konkurrenzkämpfe zwischen Fürsten und Zentralherr bzw. König vermerkt, einmal in die positive, freundschaftliche und dann wieder in die negative, feindselige Richtung ausschlagen:

> „Man kann diese eigentümliche Verflechtungskonstellation nicht verstehen, ohne eine Besonderheit der menschlichen Beziehungen ins Auge zu fassen, die ebenfalls mit der zunehmenden Funktionsteilung in der Gesellschaft immer ausgeprägter hervortritt: Das ist ihre *offene oder latente Ambivalenz*. In den Beziehungen einzelner Menschen sowohl, wie in denen verschiedener Funktionsschichten zeigt sich eine spezifische *Zwiespältigkeit oder gar eine Vielspältigkeit der Interessen* um so stärker, je weiter und reicher gegliedert das Netz der Interdependenzen wird, in das eine einzelne soziale Existenz oder eine ganze Funktionsklasse verflochten ist. Hier sind alle Menschen, alle Gruppen, Stände oder Klassen, in irgendeiner Form aufeinander angewiesen; sie sind potentielle Freunde, Verbündete oder Aktionspartner; und sie sind zugleich potentielle Interessengegner, Konkurrenten oder Gegner" (Über den Prozeß 1939/1997, II, 239; Hervorh. im Original).

In welche Richtung das Pendel ausschlägt, ist nicht ausgemacht – umso mehr, als die Verflechtung als solche von sich aus auf beides angelegt ist, was Elias mit dem Begriff der Ambivalenz markiert. Er untersucht die Wandlungen politischer Macht und die Wechsel der Machthaber nicht als Historiker oder Politikwissenschaftler, sondern soziologisch: Politische Macht ist für ihn lediglich ein Indikator für *gesellschaftliche Stärke*. Zwar üben Menschen im Laufe des Zivilisationsprozesses weiterhin Zwang aufeinander aus; dies geschieht jedoch in subtiler Form. Gesellschaftliche Stärke wird zunehmend bei denjenigen größeren Einheiten konzentriert, denen es gelingt, ihre Machtmittel zu konzentrieren und schließlich zu monopolisieren.

Den *Mechanismus der Monopolbildung* fasst Elias in einer hervorgehobenen Passage zusammen:

> „Wenn in einer größeren, gesellschaftlichen Einheit ... viele der kleineren, gesellschaftlichen Einheiten, die die größere durch ihre Interdependenz bilden, relativ gleiche, gesellschaftliche Stärke haben und dementsprechend frei – ungehindert durch schon vorhandene Monopole – miteinander um Chancen der gesellschaftlichen Stärke konkurrieren können, also vor allem um Subsistenz- und Produktionsmittel, dann besteht eine sehr hohe Wahrscheinlichkeit dafür, daß einige siegen, andere unterliegen und daß als Folge davon nach und nach immer weniger über immer mehr Chancen verfügen, daß immer mehr aus dem Konkurrenzkampf ausscheiden müssen und in direkte oder indirekte Abhängigkeit von einer immer kleineren Anzahl geraten" (Über den Prozeß 1939/1997, II, 153; im Original ist die gesamte Passage hervorgehoben).

4.2 Gesellschaftliche Stärke, Monopole und Königsmechanismus

Elias hält zwei Monopole in den Konkurrenzkämpfen, die die Staatsbildungsprozesse auf dem Weg in die Neuzeit begründen, für zentral: das *Steuermonopol* und das *Gewaltmonopol*. Die Zugriffsmöglichkeiten auf die einzelnen Menschen werden abstrahiert und anonymisiert, Gewalt wird tendenziell entpersonalisiert. Erst die Verbindung von Steuer- und Gewaltmonopol ergibt „jene Organisationsform der Gesellschaft, die wir ‚Staat' nennen" (Über den Prozeß 1939/1997, II, 315). Staaten, so Elias, sind nichts anderes als „stark monopolisierte Monopolverwaltungen" (Über den Prozeß 1939/1997, II, 433).

Im weiteren Verlauf des zweiten Bandes bündelt Elias den Blick auf die sich wandelnden Makrostrukturen in Gestalt des Begriffs des sog. „Königsmechanismus" (Über den Prozeß 1939/1997, II, 235-245), der sich nicht nur auf Könige im engeren Sinne, sondern auf Herrscher und Staatsoberhäupter generell bezieht. Der ‚König' ist „oberster Koordinator" (Über den Prozeß 1939/1997, II, 249) und seine ‚Untergebenen' ziehen aus ihrer Unterordnung den Nutzen, dass ihr Herrscher die gesellschaftliche Ambivalenz und Komplexität für sie ordnet. Für Elias erlangen „Zentralherren in einer differenzierten Gesellschaft eine so optimale Stärke ... wie im Zeitalter des Absolutismus" (Über den Prozeß 1939/1997, II, 251). Ihre Stärke ist gleichwohl stets gefährdet, und so gilt es, Kontroll- und Überwachungsinstrumente einzubauen und Allianzen zu schmieden. Die Konkurrenten lauern häufig in unmittelbarer Nähe: Ludwig XIV., so Elias, war darauf angewiesen, alle in Schach zu halten und permanent zu überwachen, denn „in seinem engsten Kreis sind noch immer die gefährlichsten Rivalen des Monarchen" (Über den Prozeß 1939/1997, II, 283).[37]

Das Leben bei Hofe und in weiteren, vergleichbar ‚zivilisierten' Kontexten, läuft keineswegs unbedingt friedlich ab. In einer solchen Figuration gewinnen die Mätressen an Einfluss, wie Caroline Hanken in Anlehnung an Elias in ihrer Untersuchung „Vom König geküsst" (Hanken 1996) eindrücklich beschreibt:

„Mit der Regierung Ludwigs XIV. änderte sich die Position der Mätresse grundlegend. Der Hof hatte sich allmählich zu einem schwerfälligen bürokratischen Apparat mit Tausenden von Menschen entwickelt. Mit der zunehmenden Distanz zwischen dem König und seinen Höflingen nahm die Macht der Mätresse zu. Als Vermittlerin für diejenigen, die ihre Gesuche über den König über sie einreichen mussten, konnte sie allmählich eine eigene Klientel aufbauen. Damit wuchsen ihre Möglichkeiten, ihren Einflussbereich bei Hof zu vergrößern, und ihr Ansehen stieg innerhalb von hundert Jahren in einem solchen Maße, daß ihr Status dem der wichtigsten Minister des königlichen Kabinetts vergleichbar wurde" (Hanken 1996, 15).

---

37 Überträgt man den ‚Königsmechanismus' auf die heutige Zeit, so bietet sich ein genauerer Blick auf die Bundeskanzlerin Angela Merkel und die CDU-Ministerpräsidenten mit eigenen Ambitionen auf das Bundeskanzleramt an.

In einer zentralen Passage des zweiten Bandes von „Über den Prozeß der Zivilisation", die in voller Länge zitiert sei, verbindet Elias ‚Gewaltmonopol', das zentrale Thema auf der Makroebene, und ‚Selbstzwang', das zentrale Thema auf der Mikroebene (s. Abschnitt 4.3), zu einem Gesamtbild des Zivilisationsprozesses:

> „Gesellschaften mit stabileren Gewaltmonopolen, verkörpert zunächst stets durch einen größeren Fürsten- oder Königshof, sind Gesellschaften, in denen die Funktionsteilung mehr oder weniger weit gediehen ist, in denen die Handlungsketten, die den Einzelnen binden, länger und die funktionellen Abhängigkeiten des einzelnen Menschen von anderen größer sind. Hier ist der Einzelne vor dem plötzlichen Überfall, vor dem schockartigen Einbruch der körperlichen Gewalt in sein Leben weitgehend geschützt; aber er ist zugleich selbst gezwungen, den eigenen Leidenschaftsausbruch, die Wallung, die ihn zum körperlichen Angriff eines Anderen treibt, zurückzudrängen. Und die anderen Formen des Zwanges, die nun in den befriedeten Räumen vorherrschen, modellieren Verhalten und Affektäußerungen des Einzelnen in der gleichen Richtung. Je dichter das Interdependenzgeflecht wird, in das der Einzelne mit der fortschreitenden Funktionsteilung versponnen ist, je größer die Menschenräume sind, über die sich dieses Geflecht erstreckt, und die sich mit dieser Verflechtung, sei es funktionell, sei es institutionell, zu einer Einheit zusammenschließen, desto mehr ist der Einzelne in seiner sozialen Existenz bedroht, der spontanen Wallungen und Leidenschaften nachgibt; desto mehr ist derjenige gesellschaftlich im Vorteil, der seine Affekte zu dämpfen vermag, und desto stärker wird jeder Einzelne auch von klein auf dazu gedrängt, die Wirkung seiner Handlungen oder die Wirkung der Handlungen von anderen über eine ganze Reihe von Kettengliedern hinweg zu bedenken. Dämpfung der spontanen Wallungen, Zurückhaltung der Affekte, Weitung des Gedankenraums über den Augenblick hinaus in die verschiedenen Ursach-, die zukünftigen Folgeketten, es sind verschiedene Aspekte der gleichen Verhaltensänderung, eben jener Verhaltensänderung, die sich mit der Monopolisierung der körperlichen Gewalt, mit der Ausweitung der Handlungsketten und Interdependenzen im gesellschaftlichen Raume notwendigerweise zugleich vollzieht. Es ist eine Veränderung des Verhaltens im Sinne der Zivilisation" (Über den Prozeß 1939/1997, II, 332f.).

4.3 Der gesellschaftliche Zwang zum Selbstzwang

Wenig ausdifferenzierte Gesellschaften mit kürzeren Distanzen, einem geringeren Maß an Arbeitsteilung und Interdependenzen ermöglichen und erfordern unmittelbare Kontrolle: Der Feudalherr übt eine unmittelbare Kontrolle über seine Vasallen aus, der Herr über die Sklaven und der Patriarch über die Mitglieder seiner Familie oder seines Clans. Elias bezeichnet dies als Fremdzwang. Als Kontrollmechanismus unterjocht der Fremdzwang zwar die Untergebenen, bietet ihnen jedoch auch einen Schutz gegenüber Dritten.

4.3 Der gesellschaftliche Zwang zum Selbstzwang

Elias unterscheidet zwei Formen von Fremdzwängen: „Naturale Fremdzwänge" gehen von Naturereignissen aus, durch „soziale Fremdzwänge" wirken Menschen aufeinander ein (vgl. Zivilisation 1986/2006, 113). Er geht davon aus, dass Fremdzwänge umso wirksamer sind, desto ‚freundlicher' sie erfolgen:

> „So ist etwa Fremdzwang in der Form physischer Gewalt weniger zur Ausbildung von gleichmäßigen Selbstkontrollinstanzen geeignet als geduldige Überredung; Fremdzwänge, die häufig zwischen heftiger Drohung und heißer Liebesbezeugung hin- und herschwanken, weniger als gleichmäßige Fremdzwänge auf einer sicherheitgebenden Grundlage affektiver Wärme" (Zivilisation 1986/2006, 113).

Im Zuge der Modernisierung gehen Fremdzwang und Fremdkontrolle zurück. Die Menschen erhalten wachsende Eigenverantwortung und werden als Individuen wahrgenommen. Sie sind ‚freier', in der unmittelbaren Konfrontation unter Umständen aber auch schutzloser. Grundsätzlich schützt sie das staatliche Gewaltmonopol.[38]

Die Verinnerlichung von Selbstzwängen ist ein wichtiger Bestandteil des Erziehungs- und Sozialisationsprozesses. Kinder werden durch die Eltern und weitere Erzieher und die Gesellschaft daraufhin konditioniert, sich – je älter sie werden – umso stärker beherrschen zu lernen. Kinder lernen, was peinlich ist und bauen so Verhaltenssicherheit auf. Elias spricht von „Scham- und Peinlichkeitsschwellen", die zwischen Gesellschaften, Generationen und innerhalb von Gesellschaften variieren.

> „Die Scham-Erregung erhält ihre besondere Färbung dadurch, daß der, bei dem sie sich einstellt, etwas getan hat oder etwas zu tun im Begriff ist, durch das er zu gleicher Zeit mit Menschen, mit denen er in dieser oder jener Form seines Bewusstseins, durch den er sich selbst kontrolliert, in Widerspruch gerät; der Konflikt, der sich in Scham-Angst äußert, ist nicht nur ein Konflikt des Individuums mit der herrschenden, gesellschaftlichen Meinung, sondern ein Konflikt, in den sein Verhalten das Individuum mit dem Teil seines Selbst gebracht hat, der diese gesellschaftliche Meinung repräsentiert; es ist ein Konflikt seines eigenen Seelenhaushaltes; er selbst erkennt sich als unterlegen an" (Über den Prozeß 1939/1997, II, 409).

---

38 In den vergangenen Jahren haben Sozialwissenschaftler wie Mary Kaldor (2007) und Herfried Münkler (2002) herausgearbeitet, dass in vielen Regionen und Gesellschaften der Welt das staatliche Gewaltmonopol durch Banden, Clans und private Armeen (sog. Warlords) außer Kraft gesetzt werde. Es wird die These vertreten, dass die Terrororganisation Al Qaida auch deshalb so erfolgreich operiert, weil sie sich als globales Netzwerk nicht an Staatsgrenzen hält und zivilisatorische Regeln etwa der UNO nicht als Verhaltensmaxime akzeptiert. – Was die Aushebelung des staatlichen Gewaltmonopols betrifft, lässt sich kritisch anmerken, dass in zahlreichen der so beschriebenen Regionen eben dieses zuvor noch gar nicht existiert hatte (Hinweis von Reinhart Blomert an die Verfasserin).

Max Weber als weiterer zentraler Theoretiker des Rationalisierungsprozesses in modernen Gesellschaften hat die Formel von der „Entzauberung der Welt" (Weber 1919/2002) geprägt. Im Unterschied zu Weber wendet sich Elias bei seiner Untersuchung der Rationalisierung besonders der menschlichen Innenwelt – wenn auch stets in Abhängigkeit von dem sozialen ‚Außen' – zu. Rationalisierung ist für Elias primär eine Begleiterscheinung der „Dämpfung der Triebe" (Über den Prozeß 1939/1997, 380-407). Den Menschen gelingt es tendenziell immer besser, ihre Affekte unter Kontrolle zu halten. Sie entwickeln, wie von Elias für die Höflinge näher untersucht, immer feinere Instrumentarien, um sich und andere zu beobachten.[39] Dabei achten sie auch sehr auf Signale der Über- bzw. Unterlegenheit von anderen Menschen.[40] Die Angst vor unmittelbarer Sanktionierung wird geringer, die Auseinandersetzung mit dem durch andere repräsentierten und ins Innere verlagerten Über-Ich wird stärker. Man hat Angst, sich ‚daneben zu benehmen', beschämt zu werden oder andere peinlich zu berühren:

> „Der gesellschaftlich-gesellige Verkehr hört auf, dadurch eine Gefahrenzone zu sein, daß Mahl, Tanz und lärmende Freude rasch und häufig in Wut, Prügelei und Mord umschlagen, und er wird dadurch zu einer Gefahrenzone, daß der Einzelne sich selbst nicht genug zurückhält, daß er an die empfindlichen Stellen, an die eigene Schamgrenze oder an die Peinlichkeitsschwelle der Anderen rührt. Die Gefahrenzone geht jetzt gewissermaßen quer durch die Seele anderer Individuen hindurch" (Über den Prozeß 1939/1997, II, 417).

Zusammenfassend spricht Elias von einem „Vorrücken der Scham- und Peinlichkeitsgrenze" (Über den Prozeß 1939/1997, II, 411). Das Besondere der Eliasschen Perspektive auf Scham ist die enge Verknüpfung mit Unterlegenheitsgefühlen.

Menschen unterscheiden sich von Tieren durch ihre im Vergleich stärker entwickelte Fähigkeit zur *Selbststeuerung*. Diese zeichnet sie nicht nur aus, son-

---

39 Niklas Luhmann hat in seiner Systemtheorie der Beobachtung eine zentrale Funktion zugeschrieben und sie weit aufgefächert z.b. in die ‚Beobachtung der Beobachtung' (vgl. Luhmann 1992). In manchen Spielarten der sog. Konstruktivistischen Didaktik fließen Systemtheorie und Zivilisationstheorie zusammen, vor allem in den Arbeiten von Kersten Reich. Dieser begreift Fremd- und Selbstzwang als „rekonstruktive Beobachtermuster" (Reich 2005, 156-169). Um Beobachtung und Selbstregulierung geht es mit Blick auf die ‚Geschlechterinszinierung' in der Studie von Henriette Burmann (2000).

40 In seiner neuen Studie über ‚Informalization' geht Cas Wouters (2007) auf die Veränderung von Überlegenheitsgefühlen und die Möglichkeit, diese ‚zur Schau zu stellen', ein. Ein solches Verhalten sei, so Wouters, durch die Nivellierung von sozialen Hierarchien und den sozialen Aufstieg ehemals machtschwächerer Gruppen wie Frauen, Arbeiter oder Einwanderer seit den 1960er Jahren in westlichen Gesellschaften sozial tabuisiert. Vgl. hierzu auch Kap. 7.

4.3 Der gesellschaftliche Zwang zum Selbstzwang

dern sie wird ihnen in umso stärkerem Ausmaß abverlangt, je differenzierter und komplexer eine Gesellschaft ist:

> „Aber wie immer man es ausdrückt, der gesellschaftliche Verhaltenscode prägt sich in dieser oder jener Form dem Menschen so ein, daß er gewissermaßen ein konstitutives Element des individuellen Selbst wird. Und dieses Element, das Über-Ich, ebenso wie das psychische Gefüge und das individuelle Selbst als Ganzes, wandelt sich notwendigerweise in steter Korrespondenz mit dem gesellschaftlichen Verhaltenscode und mit dem Aufbau der Gesellschaft" (Über den Prozeß 1939/1997, I, 355).

In heutigen Gesellschaften, so Elias, wird von erwachsenen Menschen erwartet, dass sie wissen, was zu tun ist, dass sie sich selbst im Griff haben und sich selbst regulieren können. Wenn sie sich über jemanden ärgern, so sollen sie den anderen nicht attackieren, sondern prüfen, ob sie möglicherweise – wenn der Ärger sehr groß ist und sich nicht wirklich abkühlt – rechtlich gegen diesen vorgehen. So wird ein Autofahrer, der von einem anderen auf der Autobahn bedrängt wird, die Spur zu wechseln, in der Regel nicht auf diesen schießen, sondern sich möglicherweise das Kennzeichen notieren und den ‚Drängler' wg. Nötigung anzeigen. Für den Straßenverkehr in hochmobilisierten Gesellschaften ist die Selbstkontrolle der Verkehrsteilnehmer, insbesondere der Autofahrer, unabdingbar, wie Elias in seinem viel beachteten Vortrag auf dem Bremer Soziologentag 1986 erläutert hat (vgl. Technisierung 1986/2006).

Mangelnde Selbstkontrolle scheint in heutiger Zeit ein Problem einzelner Männer zu sein, die zwar nach außen eine bürgerliche Fassade aufrechterhalten, nach innen die Kontrolle über weibliche Abhängige nur mit Gewalt und Grauen erlangen oder behalten. Auf diesen Zusammenhang macht die Autorin und Journalistin Susanne Gaschke anlässlich der im Frühjahr 2008 aufgedeckten Gräueltaten in Amstetten unter direktem Verweis auf Elias aufmerksam:

> „Relevanter scheint im Fall Josef Fritzl der bisher wenig thematisierte Umstand, dass es sich bei seinem Verhalten um – ins Irrwitzige übersteigerte – Männergewalt handelt. Frauen begehen unendlich seltener Verbrechen von vergleichbarer Brutalität, von vergleichbarem Sadismus. Das Autoritäre, das Gnadenlose, der Besitzanspruch, die Wahrnehmung von Frauen und Kindern als bloße Sexualobjekte – all dies kommt leider, in weniger exzessiver Form, immer noch in unserer ganzen Gesellschaft vor. (…) Der Fall nötigt zu weiteren unangenehmen Überlegungen. Was an Joseph Fritzls Verbrechen so überaus quälend erscheint, ist neben der Dauer der Einkerkerung die Missachtung eines existentiellen Tabus: dass Eltern sich unter keinen Umständen an ihren Kindern vergehen dürfen, weil das den ultimativen Verrat an Schutzbefohlenen bedeutet. Auf bestürzende Weise wird uns hier plötzlich klar, in welchem Maße Tabus der Kitt eines friedlichen Zusammenlebens sind, wie zentral – im Sinne des großen deutschen Soziologen Norbert Elias – die Verinnerlichung

von ‚Fremdzwang' zu ‚Selbstzwang' für den Prozess der Zivilisation ist. Und wie unverzichtbar die Übereinkunft, dass ‚man' bestimmte Dinge niemals tut – eben Kinder zu vergewaltigen" (Gaschke 2008, 1).

Im ‚Normalfall' gelingt es den Individuen, die unterschiedlichen Impulse, die auf sie einwirken, auszubalancieren. Wie komplex und keineswegs selbstverständlich diese Dynamik der Selbstregulierung ist, macht Elias in seinem Lexikonartikel zu „Zivilisation" deutlich:

> „Als etwas summarische Zusammenfassung dessen, was sich bisher bei der empirisch-theoretischen Untersuchung zivilisatorischer Veränderungen über deren Richtung ergeben hat, kann man sagen, daß zu den Hauptkriterien für einen Zivilisationsprozeß Veränderungen des sozialen Habitus der Menschen in der Richtung auf ebenmäßigere, allseitigere und stabilere Selbstkontrollmuster gehören. Ohne sich je von Fremdzwängen völlig loszulösen, gewinnen überdies im Zuge des menschheitlichen Zivilisationsprozesses Selbstzwänge den Fremdzwängen gegenüber größere Autonomie. Das Gleichmaß der Selbstregulierung im Verhältnis zu allen Menschen und in fast allen Lebenslagen nimmt zu. Manches spricht dafür, daß im Laufe eines solchen Prozesses das bisher allzu wenig untersuchte Vermögen zur sublimatorischen Verwandlung von mehr animalischen, triebgeladenen Verhaltensimpulsen wächst. Im Zusammenhang mit der zunehmenden Verselbständigung der individuellen Selbstregelungsinstanzen, zu denen Verstand wie Gewissen, Ich wie Über-Ich gehören, erweitert sich offenbar auch die Reichweite des Vermögens eines Menschen, sich mit anderen Menschen in relativer Unabhängigkeit von deren Gruppenzugehörigkeit zu identifizieren, also auch Mitgefühl mit ihnen zu empfinden" (Zivilisation 1986/2006, 116).

Zivilisation ermöglicht Empathie, so kann man Elias zusammenfassen. Stärker extrovertierte Gefühlsäußerungen jedoch sind wiederum mit Scham und Peinlichkeit belegt. Menschen sind, insbesondere in den westlichen Gesellschaften, heute in der Regel gehemmter, Gefühle zu zeigen, sie verlagern intime Äußerungen hinter die gesellschaftlichen Kulissen. Und selbst im privaten Bereich, in ihren persönlichen Beziehungen wissen sie oft nicht mehr, ob und wie sie ihre Gefühle zeigen können und sollen. Elias zeigt dies in seiner eindrücklichen Studie „Über die Einsamkeit der Sterbenden in unseren Tagen" daran, wie mit Tod und Sterben umgegangen wird:

> „Aber zugleich erzeugt die zivilisatorische Veränderung auf der gegenwärtigen Stufe bei vielen Menschen eine erhebliche Scheu und oft genug ein Unvermögen, starken Emotionen Ausdruck zu geben, sei es in der Öffentlichkeit, sei es auch im Privatleben. (…) In der Gegenwart von Sterbenden – auch von Trauernden – zeigt sich daher mit besonderer Schärfe ein für die heutige Stufe des Zivilisationsprozesses charakteristisches Dilemma. Ein Informalisierungsschub im Rahmen dieses Prozes-

4.3 Der gesellschaftliche Zwang zum Selbstzwang

ses hat dazu geführt, daß eine ganze Reihe herkömmlicher Verhaltensroutinen, darunter auch der Gebrauch ritueller Floskeln, in den großen Krisensituationen des menschlichen Lebens für viele Menschen suspekt und zum Teil peinlich geworden ist. Die Aufgabe, das richtige Wort und die richtige Geste zu finden, fällt also, wie gesagt, auf den einzelnen zurück. Das Bemühen, gesellschaftlich vorgegebene Rituale und Formen zu vermeiden, vergrößert die Anforderung an die persönliche Erfindungs- und Ausdruckskraft des Individuums. [...] Gegenwärtig haben die den Sterbenden verbundenen Menschen wohl oft nicht mehr das Vermögen, ihnen Halt und Trost zu geben durch den Beweis ihrer Zuneigung und Zärtlichkeit. Sie finden es schwer, Sterbenden die Hand zu drücken oder sie zu streicheln, um ihnen das Gefühl der unverminderten Zugehörigkeit und Geborgenheit zu geben. Das überhöhte Zivilisationstabu gegen den Ausdruck starker, spontaner Empfindungen bindet ihnen oft Zunge und Hand" (Einsamkeit 1982/2002, 33f.).

Elias zeigt, dass Lockerungen im Selbstzwang, hier also der gewollte Verzicht auf Floskeln und Rituale wiederum zu Verunsicherungen führen können, da an die Stelle des alten Regelwerks noch kein neues getreten ist (vgl. auch Über den Prozeß 1939/1997, II, 452ff.). In diesem Zusammenhang hat Cas Wouters, ein Schüler und Freund von Elias und heute einer der zentralen Autoren in der Prozesssoziologie (vgl. Wouters 2004; 2007), in den 1970er Jahren die These von der „Informalisierung" geprägt.[41] Diese besagt in Anlehnung und zugleich Modifikation von Elias, dass sich während der 1960er und 1970er Jahre zahlreiche Verhaltenscodes und Benimmregeln gelockert haben:

„Immer mehr Menschen vermieden das Wort Anstand und legten in ihrem Umgang und in ihrer Kleidung die ‚Unkonventionalität' einer verfeinerten Lässigkeit und einer einstudierten Nonchalance an den Tag. Das suggerierte, daß man nicht alles so eng nahm, und weckte den Eindruck von großer Freiheit und Unabhängigkeit. Es klang darin Widerstand durch. [...] Wenn jemand seit den 1960er Jahren wegen seines Benehmens zu anderen Menschen gelobt wurde, wurde er nicht mehr gleich ‚gepflegt' oder ‚anständig' genannt, sondern eher ‚nett', ‚ehrlich', ‚natürlich' oder ‚aufgeschlossen'" (Wouters 1999, 55ff.).

In den vergangenen Jahren wird verstärkt diskutiert, ob die *In*formalisierung der 1970er und 1980er Jahre seit den 1990er Jahren in zahlreichen westlichen Gesellschaften von einer *Re*formalisierung abgelöst wurde, wie man sie an der Vielzahl von Benimmbüchern erkennen kann. Dies würde einerseits die Beobachtung von Elias stützen, dass Menschen mit zu viel Informalisierung überfordert sein können

---

41 Elias hat diese Anregung in seinen Überlegungen zu „Veränderungen europäischer Verhaltensstandards im 20. Jahrhundert" (Studien Deutsche 1989/2005, 37-67) und in weiteren Texten der 1980er Jahre aufgegriffen.

und andererseits die Frage aufwerfen, ob dadurch die Linie, die tendenziell ‚vom Fremdzwang zum Selbstzwang' verläuft, unterbrochen oder gar aufgehoben wird. Diese Debatte wird zum Ende des Buches wieder aufgegriffen (s. Kap. 7).

Insgesamt stellt sich die Frage, ob der *gesellschaftliche Zwang zum Selbstzwang* so stark ausgeprägt ist, dass man ihn streng genommen bereits wieder als *neuen Fremdzwang* auffassen könnte. Ein Beleg hierfür ist die Tonlage der gesamten, umfangreichen Zusammenfassung und Systematisierung der Zivilisationstheorie im letzten Kapitel von „Über den Prozeß der Zivilisation". Sie ist durch die Themen Angst, Anspannung und Druck gekennzeichnet. Von diesen Gefühlen sind nach der Analyse von Elias in besonders starkem Maß die Oberschichten betroffen: „Die Angst vor dem Verlust oder auch nur vor der Minderung des gesellschaftlichen Prestiges ist einer der stärksten Motoren zur Umwandlung von Fremdzwängen in Selbstzwänge" (Über den Prozeß, II, 377).

4.4 Zivilisation, Entzivilisierung und Barbarei

Spannungen und Konflikte sind integraler Bestandteil gesellschaftlicher Entwicklungen, sie gehören zur ‚Ordnung des Wandels' (s. Abschnitt 2.1) und zum Zivilisationsprozess. Wenn dies so ist, so bleibt die Frage, unter welchen Bedingungen die Spannungen und Störungen ein solches Ausmaß annehmen, dass man doch von De- oder Entzivilisierung – oder gar von Barbarei sprechen muss.

Die zentralen Texte bezüglich des Verhältnisses von Zivilisierung und Dezivilisierung sind ein Jahr vor Elias' Tod in dem Band „Studien über die Deutschen" (Studien Deutsche 1989/2005) erstmalig erschienen. Dieser Band erfuhr durch die Koinzidenz mit der Wiedervereinigung Deutschlands 1989/1990 und den Brandanschlägen gegenüber Ausländern in den 1990er Jahren eine besondere Aufmerksamkeit. Er umfasst ein großes Spektrum an Themen, die Elias im Zeitraum 1961 bis 1989 bearbeitet hatte und die als englische und deutsche Manuskripte vorlagen, jedoch nicht unmittelbar zur Publikation vorbereitet waren.[42]

---

42 Michael Schröter als redaktioneller und editorischer Assistent hat diesen Band wie mehrere andere Bände mit Elias zusammen erstellt, durchaus gegen dessen Widerstände: „Bei meinen Planungen griff ich manche Vorhaben von Elias selbst auf. Das gilt für *Gesellschaft der Individuen*, den Lyrik-Band, *Etablierte und Außenseiter*. Auch das autobiographische Bändchen wurde von ihm befürwortet. *Mozart* hingegen habe ich aus einem langen Schlaf der Vergessenheit geweckt, und *Humana Conditio* wie die *Studien über die Deutschen* gehen ganz auf meine Initiative zurück" (Schröter 1997, 293; Hervorh. im Original); diese Arbeiten wurden von der Fritz Thyssen-Stiftung über mehrere Jahre gefördert.

4.4 Zivilisation, Entzivilisierung und Barbarei

Als Elias ‚Über den Prozeß' schrieb, war der Zivilisations*bruch*, wie der Holocaust mit dem Wissen von heute häufig definiert wird, noch nicht geschehen. Mit dieser Thematik hat Elias sich erst mit zeitlichem Abstand, dann jedoch intensiv auseinandergesetzt: 1961/62 entsteht anlässlich des Eichmann-Prozesses die Untersuchung über den „Zusammenbruch der Zivilisation" (vgl. Studien Deutsche 1989/2005, 441-585). Hier analysiert Elias Nationalsozialismus und Holocaust als einen zwar entsetzlichen, aus soziologischer Sicht jedoch nachvollziehbaren Prozess: Für einen Moment sei der Vorhang gelüftet worden, „der die dunklere Seite zivilisierter Menschen zu verdecken pflegt" (Studien Deutsche 1989/2005, 446).[43] Bezogen auf Gewalt und Kriege der Gegenwart stellt Elias fest, dass Menschen mit einem hohen Ausmaß an Selbstkontrolle nicht zwangsläufig besonders zivilisiert sein müssen. Hier komme es auf die allerdings schwierig festzulegende Balance von einem Zuviel und einem Zuwenig an Selbstkontrolle an.

Ein Kernelement der Zivilisation ist für Elias die Verminderung individueller Willkür, die mit der Ausdifferenzierung des staatlichen Gewaltmonopols einhergeht. Die Zunahme der Affektkontrollen verläuft, so Elias in den „Studien über die Deutschen" (Studien Deutsche 1989/2005), nicht geradlinig und nicht angstfrei, sondern geht mit Dezivilisierungsschüben einher. Tatsächliche barbarische Handlungen werden durch tatsächliche oder vermeintliche soziale Degradierung begünstigt. Gerade Menschen, die an Macht und Erfolg gewohnt sind, sind hier gefährdet:

„Daß die Angehörigen mächtiger Sozialformationen, wenn ihnen die Macht entgleitet, zum Kampf bereit sind und daß ihnen dann häufig kein Mittel zu grob und barbarisch ist, liegt daran, daß ihre Macht und ihr Bild von sich selbst als einer großen und großartigen Formation einen höheren Wert für sie hat als nahezu alles andere; es wiegt für sie oft schwerer als das eigene Leben. Und je schwächer, je unsicherer und verzweifelter sie auf ihrem Abstiegsweg werden, je schärfer sie zu spüren bekommen, daß sie um ihren Vorrang mit dem Rücken zur Wand kämpfen, desto roher wird zumeist ihr Verhalten, desto akuter ist die Gefahr, dass sie die zivilisierten Verhaltensstandards, auf die sie stolz sind, selbst missachten und zerstören. *Denn zivilisierte Verhaltensstandards sind für herrschende Gruppierungen vielfach nur so lange sinnvoll, wie sie, neben allen sonstigen Funktionen, Symbole und Werkzeuge*

---

43 Jonathan Fletcher weist in seiner Untersuchung über „Violence & Civilization" (Fletcher 1997) im Werk von Elias darauf hin, dass ‚Barbarei' als Kontrastbegriff zu ‚Zivilisation' problematisch sei. Im Sinne einer nicht-normativen Unterscheidung sei die Paarung Zivilisierung - Dezivilisierung stimmiger (vgl. Fletcher 1997, 180f.). – Als kritische Auseinandersetzung mit Elias versteht der polnisch-britische Soziologe Zygmunt Bauman seine „Dialektik der Ordnung" (Bauman 1992). Für Bauman ist der Holocaust kein Zusammenbruch der Zivilisation, sondern die zugespitzte Form von Bürokratisierung und Rationalisierung und somit integraler Bestandteil von Zivilisation und Moderne.

ihrer Macht bleiben. Daher kämpfen Machteliten, herrschende Klassen oder Nationen im Namen ihrer überlegenen Werte, ihrer überlegenen Zivilisation oft mit Methoden, die den Werten, für die sie einzutreten behaupten, diametral entgegengesetzt sind. Mit dem Rücken zur Wand werden die Verfechter leicht zu den größten Zerstörern der Zivilisation. Sie werden leicht zu Barbaren" (Studien Deutsche 1989/2005, 524f.; Hervorh. A.T.).

Hier macht Elias klar, dass zivilisiertes Verhalten eine soziale Funktion übernimmt und nicht als etwas betrachtet werden sollte, das im ‚Inneren' einer Person ruht. Etwas verkürzt gesagt: Wird es als nicht mehr lohnend erachtet, sich durch zivilisiertes Verhalten von anderen abzugrenzen, so fällt der Verzicht leicht bzw. übernimmt das barbarische Verhalten die Funktion, die zuvor die Zivilisierung erfüllt hatte. Unter De- bzw. Entzivilisierung versteht Elias die „Verringerung der Reichweite des Mitgefühls" (Zivilisation 1986/2006, 117). Zivilisierung und Entzivilisierung sieht Elias in einem engeren Zusammenhang, als man vermuten würde: es handelt sich um Prozess und Gegenprozess.

In gesellschaftlichen Krisenzeiten wird das staatliche Gewaltmonopol, das Demokratie und Zivilisation erst ermöglicht (s. Abschnitt 4.2), ausgebaut, allerdings mit undemokratischen Mitteln: „je höher das permanente Gefahrenniveau, umso niedriger das permanente Zivilisationsniveau" (Zivilisation 1986/2006, 113).

In der Entwicklung menschlicher Interaktionsmuster und Verflechtungen gibt es stets Bewegung und Gegenbewegung (vgl. die Leitmotive, s. Abschnitt 2.1): Sozialer Wandel ist keine unilineare Entwicklung. Dies gilt auch und gerade für den Zivilisationsprozess. Es gibt weder eine Garantie dafür, dass dieser Prozess durch eine stetige Zunahme an Zivilisierung und Selbstzwängen gekennzeichnet ist, noch bedeutet dieses Konzept, dass frühere oder weniger moderne Gesellschaften keine Selbstzwänge kannten oder kennen. Was sich geändert hat, ist lediglich das *Verhältnis* von Fremd- und Selbstzwängen:

> „Was sich *de facto* im Laufe eines Zivilisationsprozesses wandelt, ist nicht einfach die Qualität von Menschen, sondern die Struktur ihrer Persönlichkeit. Es ist, um nur zwei Aspekte zu nennen, die Balance und in der Tat die ganze Beziehung zwischen ungelernten, elementaren Impulsen einer Person und dem ungelernten Muster ihrer Kontrolle und Zügelung. Was den Selbstzwang anbelangt, so habe ich bereits erwähnt, daß keine Menschengruppe eines noch so frühen Typs ohne das Potential seiner Ausbildung und dessen Aktivierung auskommt. Aber das Muster des Zwanges, die ganze soziale Matrix, nach der die Steuerung des individuellen Fühlens und Verhaltens geprägt ist, kann auf verschiedenen Stufen der Gesellschaftsentwicklung sehr verschieden sein" (Zeit 1984/2004, 185f.; Hervorh. im Original).

Elias opponiert gegen Dichotomien wie ‚entwickelt' vs. ‚unterentwickelt' bzw. ‚fortgeschritten' oder ‚rückschrittlich'. Diesbezüglich wurde er auch manchmal missverstanden, wie die Kontroverse zwischen dem Ethnologen Hans Peter Duerr und Elias zeigt.[44] Zur Zivilisation gehören fortschreitende, von Gesellschaft zu Gesellschaft durchaus unterschiedliche Verhaltensregulierungen ebenso wie Phänomene der Barbarei und Dezivilisierung.

4.5 Fußball und Zivilisation: Das Beispiel Zidane

Elias hat zahlreiche seiner Grundgedanken, so auch den des Zivilisationsprozesses, anhand des Fußballspiels illustriert. Für ihn ist das Fußballspiel zunächst durch die *Spannungsbalance* zwischen den beiden Mannschaften gekennzeichnet, die sich einerseits besiegen wollen, andererseits dafür jedoch nicht alle Mittel einsetzen dürfen, sondern sich an Regeln halten müssen. Zu dieser ersten Spannungsbalance kommt eine zweite Spannungsbalance hinzu:

> „Auch dies ist ein Grundmerkmal des Spiels: Der Einzelne will sich auszeichnen, aber er muß zugleich ständig auf seine Mitspieler eingehen, es gibt also auch eine ständige Spannungsbalance zwischen Konkurrenz und Kooperation innerhalb einer Mannschaft selber. Das alles ist ein Kennzeichen für ein relativ hohes Zivilisationsniveau: das Spiel verlangt vom Einzelnen ein außerordentliches Geschick in der Beherrschung seines Körpers, etwa, so genau am anderen vorbeizurennen oder genau seine eigenen Glieder im Zaum zu halten, daß er nicht zu weit geht; und selbst dann, wenn er in einer Situation ist, wo es um Sieg oder Niederlage geht, muß er sich soweit beherrschen, die Regeln nicht zu durchbrechen, weil er andernfalls die Niederlage – zum Beispiel durch Platzverweis – herbeiführen könnte" (Fußballsport 1983/2006, 365).

Diese Passage entstammt dem 1983 entstandenen Text „Der Fußballsport im Prozeß der Zivilisation" und sie klingt wie ein unmittelbarer Kommentar zu ‚dem' Ereignis der Fußball-Weltmeisterschaft 2006: Dem Kopfstoß des französischen Nationalspielers Zinedine Zidane gegen den Italiener Marco Materazzi im Endspiel. Dieses Foul bzw. der anschließende Platzverweis verschaffte der italienischen Mannschaft den entscheidenden Vorteil für ihren WM-Sieg. Der Sieg der Italiener trat jedoch in Hintergrund angesichts der heftigen Debatten über Zidanes Foul. Seine mangelnde Selbstbeherrschung war deshalb so spektakulär, als sie in

---

44 Duerr warf Elias in einer mehrbändigen Auseinandersetzung, beginnend im Jahr 1988, unter dem Titel „Der Mythos vom Zivilisationsprozeß" u.a. vor, den Menschen des Mittelalters, die sich durchaus auch schon schamvoll und kontrolliert verhalten hätten, nicht gerecht zu werden. Sein Blick sei oberschichtenfixiert und seine historischen Belege seien nicht angemessen oder fehlinterpretiert. Der bisher letzte Band ist 2002 erschienen (vgl. Duerr 2002).

dieser Situation für nicht nur inakzeptabel, sondern unverständlich gehalten wurde: ‚Selbst wenn er sich ärgert – so weit muss er sich doch unter Kontrolle haben!' ‚Ein Profi hat doch gelernt, mit gezielten Provokationen und Beleidigungen umzugehen.' So oder ähnlich lauteten die Kommentare zu ‚Zidanes Kopfstoß'.

Elias zeigt am Beispiel des Fußballs das zentrale Strukturmerkmal des Zivilisationsprozesses: In einem langwierigen gesellschaftlichen Prozess gelingt es den Menschen, ihre Emotionen unter Kontrolle zu bringen. Die Decke, unter der diese Emotionen schlummern, ist jedoch dünn, denn die Spannungen, die bei dieser Kontrolle zu bewältigen sind, sind immens. Für Elias sind Gewaltausbrüche und Dezivilisierungen kein Anlass, die Zivilisationstheorie in Zweifel zu ziehen. Vielmehr erinnern uns genau diese ‚Störungen' daran, was der Zivilisationsprozess den Menschen abverlangt und wie beachtlich ihre Kontrollleistungen ‚in aller Regel' sind. Aufregungen wie die über den Kopfstoß Zidanes lassen vergessen, dass die meisten Fußballspiele *ohne* gravierende Störungen verlaufen:

> „Wenn man heute sagt, daß das Fußballspiel ein Symptom einer relativ hohen Zivilisationsstufe sei, so mag das auf den ersten Blick vielleicht als etwas unwahrscheinlich erscheinen. Was wir heute vor allem sehen, was beim Fußball ins Auge fällt, sind die vielfältigen Gewalttätigkeiten, sei es von seiten des Publikums, sei es mitunter innerhalb der Mannschaften selber. Die Aufmerksamkeit lenkt sich also, wie so oft, mehr auf die Ausnahmen und das Außergewöhnliche als auf die normalen Spiele, von denen ja sehr viele eben doch eine Form des Kampfes nach Regeln darstellen, die gewissermaßen die Nachahmung von Kämpfen sind. Denn das ist nun einmal ein Fußballspiel: Im Kern ist es eine Figuration von Menschen, die in kontrollierter Spannung zueinander stehen, und die Frage ist, wie diese Spannung eigentlich unter Kontrolle gehalten wird. Daß die Spannungen zwischen zwei Mannschaften so oft unter Kontrolle und in Balance gehalten werden können, das ist mindestens eine ebenso erstaunliche Tatsache wie die, daß diese Balance eben manchmal zerbricht" (Fußballsport 1983/2006, 360).

Entscheidend ist die Tendenz zur Affektkontrolle: „Fußball ist trotz aller Ausschreitungen eine überaus zivilisierte Form, einen Kampf zu genießen" (Autobiographisches 2005, 352). Das Fußballspiel darf nicht zu geregelt, aber auch nicht zu freizügig sein – daher rühren seine Faszination und seine „zivilisatorische Leistung" (Fußballsport 1983/2006, 361). Es gelang Zidane nicht, „augenblickliche Affekte ferner liegenden Zwecken unterzuordnen" (Über den Prozeß 1939/1997, II, 349).[45]

---

45 Vgl. zu Zidane unter der Perspektive der ‚sub- und transnationalen Zugehörigkeit' den Aufsatz von Nikola Tietze (2008) und die figurationstheoretische Analyse des Fußballgeschehens insgesamt durch Thomas Alkemeyer (2008).

5 Figurationen

In diesem Kapitel geht es um ein weitere Kernkonzept der Eliasschen Perspektive, den Begriff und die Theorie der ‚Figuration'. Elias hat hierzu in vielen seiner Veröffentlichungen grundsätzliche Überlegungen vorgestellt und auch konkrete Typen von Figurationen genauer analysiert. Die bekannteste dieser Figurationen ist die Etablierten-Außenseiter-Figuration (vgl. Elias/Scotson 1965/2002), auf die im Folgenden näher eingegangen wird (Abschnitt 5.3).

Wie zu zeigen ist, sind Figurationen nichts Statistisches und Unveränderliches, sondern sie verändern sich mit den menschlichen Interdependenzen und gesellschaftlichen Entwicklungen. Für Elias sind im Geflecht der Figurationen Fragen von Status und Macht zentral – aber auch diese sind in stetiger Bewegung. Elias' Thesen zum Wandel von Figurationen und seine Macht-Konzeption im Sinne von ‚Machtbalancen' werden in Abschnitt 5.2 erörtert.

5.1 Der Begriff der Figuration

‚Figuration' ist das begriffliche Substrat, mit dem Elias die *Frage der wechselseitigen Abhängigkeit der Menschen voneinander* auf den Punkt bringt. Er ist der Auffassung, dass Menschen niemals alleine betrachtet werden können. Es mache keinen Sinn, sie jeweils als ‚Individuum' zu analysieren: Menschen können ohne die Ausrichtung an anderen Menschen und ohne die mittelbaren und unmittelbaren Zwänge, die andere auf sie ausüben, nicht existieren.

Spiegelt man dieses Menschenbild und die Wissenschaftsauffassung von Elias an seiner Biografie, so liegt es nahe, enge Zusammenhänge zu vermuten: Elias, der nach eigenen und Zeitzeugenaussagen gerne Professor werden wollte, sah sich zeit seines Lebens durch politische und soziale Umbrüche an der Verwirklichung seines Lebensplanes gehindert.[46] Professor im Sinne einer ‚ordentlichen' Professor war er nie, sondern stets nur Gastprofessor. Seinem Renommee,

---

46 Möglicherweise ist dieser Umstand auch eine Ursache dafür, dass Elias sich in der Regel aus politischen Auseinandersetzungen herausgehalten hat und sich vehement für eine distanzierte Haltung ausgesprochen hat.

das er ab den 1970er Jahren erwarb, tat dies zwar keinen Abbruch, aber er befand sich immer in ökonomischer und sozialer Abhängigkeit von den Empfehlungen anderer, die sich für eine Gastprofessur einsetzen. Das, was er theoretisch so stark machte, das „Netz interner und externer Bindungen" (Gemeinschaften 1974/2006, 488), hielt ihn selbst umfangen, jedoch auch gefangen. In der Abwägung zwischen der Eigenständigkeit von Individuen und ihrer Angewiesenheit auf andere gewichtet er am Ende die kollektive Orientierung stärker. Dies zeigt sich an der Figur der Wir-Ich-Balance, die gegenüber der Ich-Wir-Balance die Oberhand behält.

Elias lehnt es ab, von ‚dem' Individuum zu sprechen. Für ihn kommen Menschen nur im Plural vor (s. Abschnitt 2.1.8). Des Weiteren hält er die Vorstellung, dass übergreifende Einheiten oder Gruppen handelnde Instanzen seien, für problematisch. In der Soziologie und der Alltagssprache ist häufig z.B. von ‚dem Betrieb' oder ‚der Familie' die Rede – als ob es sich dabei um selbständig handelnde Einheiten handele. Diese Praxis ist für Elias ein Symptom der allgegenwärtigen Verdinglichung und Objektivierung der Welt. Menschen handeln, so Elias, stets im Zusammenhang mit anderen Menschen und nicht aufgrund eines spezifischen ‚Wesens'. Johan Goudsblom betont, dass dies keineswegs eine sprachliche Marotte sei: „Es ist durchaus nicht überflüssig, wenn der Plural ‚Menschen' unterstreicht, daß die Soziologie über Männer, Frauen und Kinder handelt, und nicht über den Menschen im Singular" (Goudsblom 1979, 140).

Mit dem Begriff der Figuration bringt Elias die plurale Existenz von Menschen soziologisch zum Ausdruck. In ihm findet das Verhältnis von Individuum (besser: Individuen) und Gesellschaft seinen Niederschlag. Menschen sind keine gesellschaftslosen Individuen und Gesellschaften keine menschenlosen ‚Systeme'. Mit dem Figurations-Begriff kann man der „traditionellen Zwickmühle der Soziologie: ‚Hier Individuum, dort Gesellschaft'" (Figuration 1986/2006, 103) entgehen. Gesellschaften sind nicht nur die Anhäufung von Personen:

„Das Zusammenleben von Menschen in Gesellschaften hat immer, selbst im Chaos, im Zerfall, in der allergrößten sozialen Unordnung eine ganz bestimmte Gestalt. Das ist es, was der Begriff Figuration zum Ausdruck bringt" (Figuration 1986/2006, 101).

Figurationen sind Beziehungsgeflechte von Menschen, die mit der wachsenden gegenseitigen Abhängigkeit der Menschen untereinander immer komplexer werden. Die Mitglieder einer Figuration sind durch viele solcher gegenseitiger Abhängigkeiten (Interdependenzketten) aneinander gebunden. Figurationen sind soziale Prozessmodelle (s. Abschnitt 6.2).

Im Haupttext des Zivilisationsbuches aus den 1930er Jahren spricht Elias zwar von „Verflechtungsfigur" (Über den Prozeß 1939/1997, II, 248), aber den

5.1 Der Begriff der Figuration

Begriff der Figuration verwendet er noch nicht. 30 Jahre später, als er zur 1969er Ausgabe ein neues Vorwort – im Umfang von 73 Seiten – schreibt, nutzt er die abschließenden Passagen zur Vorstellung dieses neuen, zentralen Begriffes:

> „An die Stelle des Menschen als einer ‚geschlossenen Persönlichkeit' ... tritt dann das Bild des Menschen als einer ‚offenen Persönlichkeit', die im Verhältnis zu andern Menschen einen höheren oder geringeren Grad von relativer Autonomie, aber niemals absolute oder totale Autonomie besitzt, die in der Tat von Grund auf Zeit ihres Lebens auf andere Menschen ausgerichtet und angewiesen, von anderen Menschen abhängig ist. Das Geflecht der Angewiesenheiten von Menschen aufeinander, ihre Interdependenzen, sind das, was sie aneinander bindet. Sie sind das Kernstück dessen, was hier als Figuration bezeichnet wird, als Figuration aufeinander ausgerichteter, voneinander abhängiger Menschen" (Über den Prozeß 1939/1997, I, 70).

In seinem zeitgleich erschienenen Buch „Was ist Soziologie?" (Soziologie 1970/2006) hat Elias den Figurations-Begriff ausführlich behandelt. Dort finden sich auch die folgenden Abbildungen, mit denen Elias seine Perspektive veranschaulicht:

Abbildungen: Figur 1 und Figur 2 (Elias 1970/2006: 13f.)

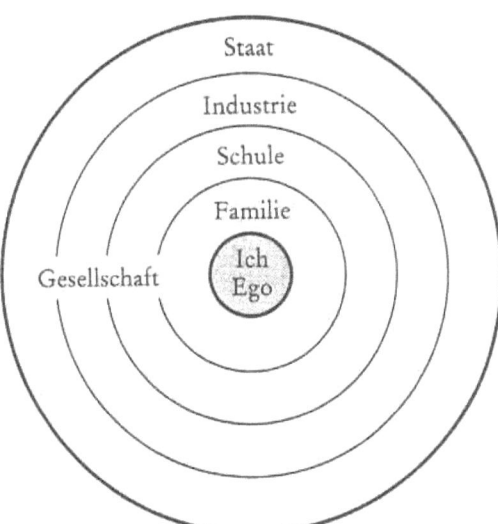

Figur 1: Grundschema des egozentrischen Gesellschaftsbildes

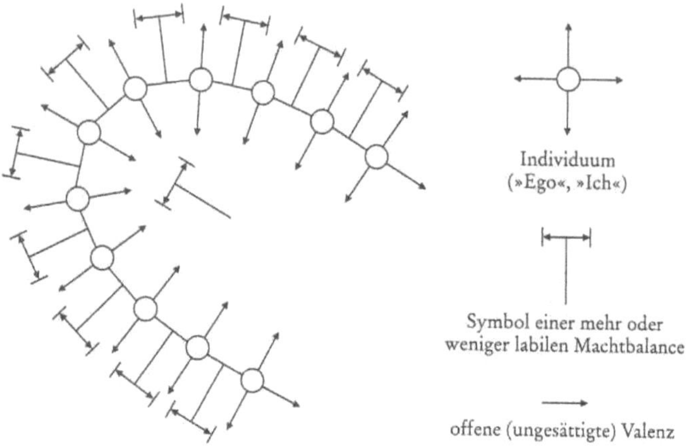

Figur 2: Eine Figuration interdependenter Individuen[1]
(»Familie«, »Staat«, »Gruppe«, »Gesellschaft« usw.)

Die in Figur 2 verwendeten Pfeile stellen die Verbindung zwischen den Individuen dar. Elias geht es darum, die emotionale ‚Aufladung' dieser Verbindung benennen und den Unterschied zur ‚bloßen' Interaktion markieren zu können. Er bezeichnet die Verbindungen zwischen den Individuen deshalb als ‚Valenz'. Allgemein bedeutet *Valenz* Wertigkeit. Objekte der Wahrnehmung und andere Menschen sind für ein Individuum nicht neutral, sondern besitzen Aufforderungscharakter (vgl. Soziologie 1970/2006, 238f., Anm. 1; 177-181):

> „Das kann man sich modellartig am besten vergegenwärtigen, wenn man sich jeden Menschen zu einer gegebenen Zeit als ein Wesen mit vielen Valenzen vorstellt, die sich auf andere Menschen richten, von denen einige in anderen Menschen ihre feste Bindung und Verankerung gefunden haben, andere dagegen, frei und ungesättigt, auf der Suche nach Bindung und Verankerung in anderen Menschen sind" (Soziologie 1970/2006, 179).

Für eine enge Beziehung zwischen Menschen benutzt Elias vor allem den Begriff der *affektiven Valenz* bzw. affektiven Bindung.

In *Figur 1* sind die einzelnen Bereiche säuberlich und hermetisch voneinander abgegrenzt. Vom kleinsten, inneren Kreis (dem mehr oder weniger isolierten, für sich stehenden Individuum) ausgehend, sind sie in konzentrischen Kreisen angeordnet. Eine andere Anordnung zeigt *Figur 2*: Hier wird die gegenseitige

Bezugnahme und Abhängigkeit der Individuen abgebildet, wobei es sich um kleinere Einheiten wie ‚Familie' oder um größere Einheiten wie ‚Gesellschaft' handeln kann.

Hermann Korte weist in seiner Elias-Biographie auf Missverständnisse des Figurations-Begriffes hin (vgl. Korte 1997, 156f.): ‚Figuration' ist eben nicht einfach ein anderer Begriff für Gruppe, die man sich als ein mehr oder weniger statisches Gebilde vorstellen muss, sondern ein Beziehungsbegriff, ein Modell eines sozialen Prozesses. Nur Menschen können Figurationen bilden; diese entstehen dadurch, dass Menschen eine bestimmte, gesellschaftsspezifische ‚Sprache' erlernen, zu der eine Reihe von Symbolen gehört, etwa der Umgang mit ‚Zeit' (siehe Abschnitt 3.3). Soziale Prozesse wie den Figurationswandel versteht Elias immer als langfristig; ihre angemessene soziologische Analyse muss nach seiner Vorstellung mindestens drei Generationen umfassen (vgl. Prozesse 1986/2006, 104; s. auch Abschnitt 6.1).

Da sich die gesellschaftliche Wirklichkeit, das Wissen und damit die Symbole von Gesellschaften permanent ändern, bleiben auch Figurationen nicht statisch:

„Einzelne Menschen leben miteinander in bestimmten Figurationen. Die einzelnen Menschen wandeln sich. Die Figurationen, die sie miteinander bilden, wandeln sich ebenfalls. Aber die Veränderungen der Figurationen, die sie miteinander bilden, obgleich unabtrennbar und ineinander verwoben, sind Veränderungen auf verschiedener Ebene und auf verschiedene Art. Ein einzelner Mensch kann eine relative Autonomie gegenüber bestimmten Figurationen haben, aber allenfalls nur in Grenzfällen (etwa des Wahnsinns) von Figurationen überhaupt" (Figuration 1986/2006, 102).

Kerngedanke des Figurations-Konzeptes ist, dass Menschen nicht völlig autonom, aber auch nicht völlig abhängig sind Für Elias sind die Individuen nicht Opfer gesellschaftlicher Verhältnisse, aber sie sind eben auch nicht völlig autonom, sondern nur relativ autonom. Menschen halten sich gegenseitig ‚in Schach' und sind wechselseitig voneinander abhängig.

5.2 Figurationswandel und Machtbalancen

Im sechsten Kapitel von „Was ist Soziologie?" hat sich Elias *allgemein* zum Figurationswandel geäußert. Dieses Kapitel trägt die Überschrift „Das Problem der ‚Notwendigkeit' gesellschaftlicher Entwicklungen" (Soziologie 1970/2006, 213-238). Elias diskutiert hier die für ihn problematische Grundannahme vieler Gesellschaftstheorien, dass die gesellschaftliche Entwicklung zwangsläufig eine bestimmte Richtung nehmen müsse, auf Ursache-Wirkungs-Zusammenhänge zurückgeführt werden könne und eine bestimmte Prognose bezüglich der weiteren Entwicklung nahelege. In Abgrenzung hiervon versteht Elias gesellschaftliche Entwicklung als ‚Figurationsstrom', der eine ungeplante und nicht vorhersehbare Richtung nehme.

Ausgehend davon, dass Aufgabe von Wissenschaft sowohl Diagnose und Erklärung als auch Prognose sein solle, stellt Elias fest: Man müsse sich bewusst sein, ob man eine Diagnose bzw. Erklärung (wie Figuration B, z.B. die UNO, aus Figuration A, verschiedenen Nationalstaaten, entstanden ist) oder eine Prognose (dass höchstwahrscheinlich aus Figuration A Figuration B entstehen muss) anstrebe. Das Wissen über einen in der Vergangenheit stattgefundenen Figurationswandel lässt keine Aussage darüber zu, dass dieser Wandel sich genauso wieder ereignen *muss*. Deshalb zweifelt Elias die „‚Notwendigkeit' gesellschaftlicher Entwicklung" und die auf dieser These aufbauenden soziologischen Konzeptionen an.

Für Elias haben Figurationen die Eigenschaft der Plastizität. Jede relativ komplexe, differenziertere und höher integrierte Figuration von Menschen hat weniger komplexe, weniger differenzierte und weniger integrierte Figurationen zur Voraussetzung. Aber es ist nicht möglich, für diesen Prozess einen absoluten Anfang anzugeben.[47]

„Mit relativ undifferenzierten, wenn auch für viele Menschen gefühlsmäßig befriedigenden Begriffspolaritäten, wie ‚Determiniertheit' oder ‚Undeterminiertheit' wird man der Differenziertheit der Probleme, mit denen man es bei den von Individuen gebildeten Figurationen und deren Wandlungstendenzen zu tun hat, kaum gerecht" (Soziologie 1970/2006, 221).

Es besteht keine Notwendigkeit, allenfalls eine große Wahrscheinlichkeit, dass sich Figurationen in einer bestimmten Weise, z. B. von einer einzelgesellschaftlichen, kleineren zu einer weltgesellschaftlichen, größeren Einheit entwickeln. Elias misst den sog. *nicht-beabsichtigten Folgen menschlichen Handelns* eine große Bedeutung zu. Die in einer Figuration miteinander verflochtenen Individuen bringen zwar soziale Entwicklungen in Gang, durchschauen diese aber nicht immer und können diese auch nicht kontrollieren; der Gang der Ereignisse entgleitet ihnen. Die Mitglieder einer Figuration haben Schwierigkeiten, sich von ‚ihrer' Figuration zu distanzieren. Über den Anpassungszwang, der mit der Zu-

---

[47] Gabriele Klein hat in ihrer Untersuchung „Frauen Körper Tanz. Eine Zivilisationsgeschichte des Tanzes" (Klein 1992) den Wandel von Figurationen innerhalb der Tanzgeschichte (vom Menuett zum Walzer) untersucht.

5.2 Figurationswandel und Machtbalancen

gehörigkeit einer Figuration einhergeht, sind sich die Menschen meist nicht im Klaren:

> „Man schreckt vor der Idee zurück, daß ‚Gesellschaften' oder, um es weniger zweideutig zu sagen, die Figurationen, die Menschen miteinander bilden, eine gewisse Macht über die sie bildenden haben und ihre Freiheit beschneiden. Aber man mag wünschen, was man will: wenn man sich einfach die verfügbaren Belege ansieht, bleibt einem nur der Schluß, daß Figurationen die Reichweite individueller Entscheidungen beschränken und in vieler Hinsicht eine zwingende Kraft haben – auch wenn ihre Macht nicht, wie es oft dargestellt wird, außerhalb der Individuen liegt, sondern lediglich von der Interdependenz zwischen Individuen herrührt" (Elias/Scotson 1965/2002, 267).

Hier bringt Elias einen zentralen Gedanken ins Spiel, die Frage der Macht. Es erscheint schwer vorstellbar, dass die Figuration als solche ‚Macht' hat, und zwar alleine dadurch, dass die zu ihr gehörenden Verflechtungen die Menschen einschränken. Aber genau dies ist die Perspektive von Elias.

In der Alltagssprache wird über *Macht* meist dann gesprochen, wenn es um Fragen politischen Einflusses und des Durchsetzungsvermögens einzelner Personen geht. Hier überwiegt das vergegenständlichte Denken von Macht als einer Eigenschaft oder einer Ressource, die man ‚hat' oder ‚nicht hat'. Eine solche Perspektive lehnt Elias ab und ersetzt sie entsprechend seines Denkens in Relationen durch Machtbeziehungen bzw. Machtverhältnisse. Menschen sind niemals per se mächtig, sondern nur in Relation zu anderen, die weniger mächtig, aber selten wirklich ohne Macht (ohnmächtig) sind. Auch Macht ist kein Ding, sondern ein Prozess. Typologien wie die von Max Weber zur charismatischen oder bürokratischen Herrschaft (vgl. Weber 1922/2002) sind für Elias nicht von Interesse. Er betrachtet Macht unter der Leitidee von ‚Spielmodellen auf verschiedenen Ebenen' (vgl. Soziologie 1970/2006). Mit der Komplexität von Gesellschaften verstärkt sich die Notwendigkeit, sich auf eine wachsende Anzahl von Spielern einzustellen. In diesem Modell geht es eher um *Mit*spieler als um *Gegen*spieler.

Elias' Grundauffassung, dass Menschen immer ‚ein bisschen' autonom sind, wirkt sich auch auf seinen Macht-Begriff aus. Macht versteht Elias als monopolartige Kontrolle über Ressourcen. Sie gehört zu *allen* menschlichen Beziehungen und ist für Elias' Figurationssoziologie unverzichtbar. Auch Macht ist nichts Statisches, ist nicht per se vorhanden, und sie ist nicht nur für besonders mächtige Menschen verfügbar. Vielmehr geht Elias davon aus, dass selbst die sonst als machtlos bezeichneten Menschen Macht haben:

"Man vergegenwärtige sich, daß auch das Baby vom ersten Tage seines Lebens an Macht über die Eltern hat und nicht nur die Eltern über das Baby – es hat Macht über sie, solange es für sie in irgendeinem Sinne einen Wert besitzt. Wenn das nicht der Fall ist, verliert es die Macht – die Eltern können ihr Kind aussetzen, wenn es zu viel schreit. Das gleiche läßt sich von der Beziehung eines Herrn zu einem Sklaven sagen: Nicht nur der Herr hat über den Sklaven Macht, sondern auch – je nach seiner Funktion für ihn – der Sklave über den Herrn. Im Falle der Beziehung zwischen Eltern und Kleinkind, zwischen Herrn und Sklaven sind die Machtgewichte sehr ungleich verteilt. Aber ob die Machtdifferentiale groß oder klein sind, Machtbalancen sind überall da vorhanden, wo eine funktionale Interdependenz zwischen Menschen besteht" (Soziologie 1970/2006, 94).

An der Machtthematik wird die integrierte Perspektive auf Mikro- und Makroprozesse bei Elias beispielhaft deutlich. Machtrelationen finden sich auf der Mikroebene, wie oben erwähnt zwischen Eltern und Kindern (vgl. Eltern 1980/2006) und zwischen Staaten, z.B. zwischen dem deutschen Kaiserreich und seinen Nachbarstaaten in den Jahren vor dem Ersten Weltkrieg (vgl. Studien Deutsche 1989/2005), also auf der Makroebene. Macht gehört zur Grundausstattung gesellschaftlicher Beziehungen und wird von Elias ganz unaufgeregt betrachtet: Es ist nicht verwerflich, mächtiger als andere zu sein, aber es ist gleichzeitig völlig alltäglich, unter Umständen von heute auf morgen zu den weniger Mächtigen zu gehören.

Zur Macht gehört immer Gegenmacht. Schon für die höfische Gesellschaft hatte Elias darauf hingewiesen, dass Feudalherren in ihren Entscheidungen nicht völlig autonom, sondern auch abhängig vom Verhalten ihrer Untergebenen seien. Auch die Mächtigen sind in der Ausübung ihrer Macht nicht frei. Entsprechend dieser Grundauffassung betont Elias die Idee von Macht als einem dynamischen *Machtverhältnis* noch stärker, als es etwa Michel Foucault (vgl. Foucault 1994; s. auch Treibel 2006a, 65f.) getan hat.

Elias führt den Begriff der Macht*balance* ein. Eine solche Kategorie scheint zunächst unsinnig: Zeichnet sich Macht nicht gerade durch Asymmetrie, also durch ein Ungleichgewicht aus? Da Elias die Vorstellung einseitiger Abhängigkeiten verwirft, ist für ihn jedoch eine statisch verstandene *Asymmetrie* wenig hilfreich:

„Man sagt, jemand ‚hat' Macht und läßt es dabei bewenden, obwohl der Wortgebrauch, der Macht als ein Ding erscheinen läßt, in eine Sackgasse führt. Es ist schon vorher darauf hingewiesen worden, daß sich Machtprobleme nur der Lösung näher bringen lassen, wenn man unter Macht unzweideutig die Struktureigentümlichkeit einer Beziehung versteht, die allgegenwärtig und die – als Struktureigentümlichkeit – weder gut noch schlecht ist. Sie kann beides sein. *Wir hängen von anderen ab, andere hängen von uns ab.* Insofern als wir mehr von anderen abhängen als sie von uns, haben sie Macht über uns, ob wir nun durch nackte Gewalt von ihnen abhängig geworden sind oder durch unsere Liebe oder durch unser Bedürfnis, geliebt zu werden, durch unser Bedürfnis nach Geld, Gesundung, Status, Karriere und Abwechslung" (Soziologie 1970/2006, 119; Hervorh. A.T.).

Es gibt nie nur einseitige Abhängigkeiten, sondern stets Machtbalancen, die für Elias der Kern zwischenmenschlicher Beziehungen sind. Diese sind ein Indikator der gegenseitigen Abhängigkeiten, in der sich Menschen befinden: Spannungen und Konflikte zwischen Menschen, Menschengruppen und auch zwischen Staaten sind einem ständigen Wandel unterworfen.

Ein zentrales Anwendungsfeld für das Modell der Machtbalance ist das *Geschlechterverhältnis*, also das Verhältnis zwischen Männern und Frauen. Elias selbst hat die Wandlungen dieser Machtbalance in zwei größeren Analysen und einem kürzeren Text explizit untersucht:

- Der Aufsatz „Wandlungen der Machtbalance zwischen den Geschlechtern: Eine prozeßsoziologische Untersuchung am Beispiel des antiken Römerstaats" (Machtbalance Geschlechter 1986/2006) verlegt – in für Elias charakteristischer Weise – Ort und Zeit der Betrachtung in das historische Feld.
- Der nicht veröffentlichte und lange Zeit als ‚verschwunden' geltende Text „Wandlungen des Geschlechtergleichgewichts", den Elias wohl in den 1960er Jahren schrieb, befindet sich im Elias-Nachlass in Deutschen Literaturarchiv in Marbach am Neckar.[48]
- In dem Vorwort zu der Untersuchung von Bram van Stolk und Cas Wouters über „Frauen im Zwiespalt" (van Stolk/Wouters 1987) berichtet Elias über seine enge Anbindung an das Forschungsprojekt der beiden Schüler und reflektiert dessen Ergebnisse (vgl. Vorwort zu van Stolk/Wouters 1987/2006).

Elias hatte bereits im zweiten Band des Prozessbuches die Untersuchung der Beziehungen zwischen Männern und Frauen als wichtig vermerkt und seine Beschäftigung damit angekündigt.[49]

---

48 Diesen 76-seitigen Text und weitere Manuskripte von Elias zur Geschlechterthematik haben Gabriele Klein und Katharina Liebsch einer genauen Exegese und Interpretation unterzogen. In ihrem Aufsatz „Egalisierung und Individualisierung. Zur Dynamik der Geschlechterbalancen bei Norbert Elias" (Klein/Liebsch 2001) tragen sie auch der Tatsache Rechnung, dass dieser Text bislang nicht veröffentlicht ist und dokumentieren ihn ausführlich.

49 „Dieses Spezialproblem [Sexualität und Veränderung der Schamentwicklung; A.T.], wichtig, wie es ist, musste hier zunächst beiseite gestellt werden. Es verlangt zu seinem Aufschluß eine Darstellung und eine genaue Analyse der Wandlungen, denen im Laufe der abendländischen

Betrachtet man die Eliasschen Überlegungen im Kontext der aus der Frauenforschung der 1970er Jahre in den 1980er Jahren entstandenen Geschlechterforschung, so kann man Elias mit gutem Recht als Pionier bezeichnen. Er musste nicht erst das politische Engagement für eine rein feministische Position in eine integrierte Geschlechter-Sicht transformieren, sondern vertrat diese Ansicht von Grund auf:

„Auf die eine oder andere Weise erzeugen die Probleme der Frauen die Versuche ihrer Lösung Probleme der Männer und umgekehrt. Die sozialen und persönlichen Probleme sind verschieden, aber sie sind auch ganz und gar interdependent und untrennbar. In der Tat zeigt diese Arbeit [van Stolk/Wouters 1987] sehr plastisch, daß Frauenprobleme Männerprobleme und Männerprobleme sind, die jeweils aus verschiedener Perspektive gesehen und mit verschiedenen, sich wandelnden Machtpotentialen zur Geltung gebracht werden. Denn das ist der springende Punkt. Was wir heute erleben, ist unverkennbar eine Phase in einem langhingezogenen Machtkampf zwischen zwei Gesellschaftsgruppen, der einige Ähnlichkeit mit anderen Machtkämpfen zwischen innerstaatlichen Gruppen hat und sich zugleich in bestimmter Weise von ihnen abhebt. Er hat mit anderen Kämpfen dieser Art gemein, daß es sich dabei um ein größeres Maß an sozialer Gleichheit zwischen Gruppen geht, deren eine – die Frauen – in vieler Hinsicht eine Außenseiterposition innehatte: ihre Mitglieder waren traditionellerweise von vielen sozialen Positionen ausgeschlossen, die von der anderen Gruppe monopolisiert wurden. Zugleich aber sind diese beiden Gruppen in einer Weise voneinander abhängig wie keine Etablierten- und Außenseitergruppen sonst. Jenseits aller Ideologien kann man feststellen, daß keine anderen Menschengruppen biologisch derart aufeinander ausgerichtet sind" (Vorwort van Stolk/Wouters 1987/2006, 243).

An diesem Zitat wird deutlich, dass Elias das Geschlechterverhältnis sowohl unter dem Aspekt der ‚Machtbalance' als auch als Etablierten-Außenseiter-Figuration[50] betrachtet.

Geschichte die Struktur der Familie und der gesamten Geschlechterbeziehung unterworfen war" (Über den Prozeß 1939/1997, II, 412).

50 In seiner anregenden Betrachtung des Verhältnisses von „Wir und ‚Die-da'" geht Zygmunt Bauman ausführlich auf Elias' Etablierten-Außenseiter-Figuration ein und bezieht sich abschließend ebenfalls auf das Geschlechterverhältnis: „Die Neigung der Etablierten, Neuankömmlinge als gefährliche Außenseiter auszudeuten, äußert sich vielleicht am einprägsamsten im notorischen Widerstand der Männer gegen die Ansprüche der Frauen auf gleiche Rechte bei Beschäftigung und beim Wettbewerb um sozial einflussreiche Positionen. Der Zugang von Frauen in einst abgeschottete männliche Bereiche stellt zuvor unumstrittene Regeln in Frage und führt damit ein Element von Unsicherheit und Verwirrung in eine vorher klar strukturierte Umgebung ein, was starke Ablehnung hervorruft. Die feministische Forderung nach gleichen Rechten erweckt ein Gefühl von Bedrohung, das wiederum verärgerte Antworten und aggressive Haltungen auslöst" (Bauman 2000, 74f.).

In der Elias-Rezeption spielt die Thematik ‚*Machtbalance* der Geschlechter' eine prominente Rolle. In den Niederlanden sind die Studien von Cas Wouters führend.[51] In Deutschland sind vor allem die Veröffentlichungen von Stefanie Ernst, Gabriele Klein, Jan-Peter Kunze, Katharina Liebsch und meine eigenen Arbeiten zu nennen.[52]

Figurationswandel und Machtbalance sind, so betont Elias, nicht nur auf innerstaatlicher, sondern auch auf zwischenstaatlicher Ebene zu untersuchen: die beiden Prozesse verschmelzen immer mehr miteinander (vgl. Soziologie 1970/2006, 227ff.). Soziale und politische Probleme entstehen sowohl durch eine Veränderung der Machtbalance wie durch eine Verhinderung einer solchen Veränderung.

5.3 Etablierte und Außenseiter

In den kontinuierlichen Macht- und Konkurrenzkämpfen unter den Menschen sind die Chancen also nicht immer gleich verteilt: Wer heute relativ machtlos ist, kann morgen schon relativ mächtig sein bzw. einen Machtzuwachs erfahren haben und dadurch die Machtbalance zu seinen oder ihren Gunsten verändern. Elias untersucht Macht als sozialen Prozess. Seine Auffassung, dass in Figurationen die völlig Mächtigen eben *nicht* säuberlich von den völlig Machtlosen geschieden werden können, hat er anhand verschiedener Verflechtungszusammenhänge analysiert. Die grundlegende Studie ist unter dem Titel „Etablierte und Außenseiter" (Elias/Scotson 1965/2002) erschienen und geht auf eine empirisch-theoretische Untersuchung zurück, die Elias gemeinsam mit John L. Scotson, einem Schüler, in den Jahren 1958 und 1959 während seiner Dozententätigkeit an der Universität Leicester durchgeführt hat. Die Bevölkerung einer kleinen Ortschaft in der Nähe von Leicester, die sie Winston Parva nennen, verstehen Elias und Scotson als Etablierten-Außenseiter-Figuration – wobei die Langan-

---

51 Cas Wouters hat den von ihm begründeten Begriff der Informalisierung an den Wandlungen der Geschlechterbeziehungen festgemacht. Neben der mit van Stolk durchgeführten Untersuchung (van Stolk/Wouters 1987), zu der Elias das erwähnte aufschlussreiche Vorwort geschrieben hat (vgl. Vorwort van Stolk/Wouters 1987/2006), hat Wouters zahlreiche Studien zu dieser Thematik vorgelegt (vgl. Wouters 1986; 1997; für eine Langfristperspektive siehe Wouters 2004 und 2007).

52 Vgl. in chronologischer Reihung: Ernst 1996, 1999; Treibel 1997; Klein/Liebsch 1997; Kunze 2005. Der einschlägige Band zur „Zivilisierung des weiblichen Ich" (Klein/Liebsch 1997) enthält neben Beiträgen von Ernst, Treibel, Wouters u.a. auch den in Kapitel 1 bereits empfohlenen Überblick von Heike Hammer über „Figuration, Zivilisation und Geschlecht" (Hammer 1997).

sässigen die Etabliert(er)en und die Neuankömmlinge die Außenseiter sind. Die Autoren bezeichnen ihre Studie als „Figurationstheorie in Aktion" (Elias/Scotson 1965/2002, 265). Auf die grundsätzlichen Implikationen gehen sie vor allem in Kapitel IX mit dem Titel „Ein theoretischer Schluß" (Elias/Scotson 1965/2002, 234-268) ein. Außerdem verfasst Elias zu einem späteren Zeitpunkt in alleiniger Autorschaft das theoretische Essay zur „Theorie von Etablierten-Außenseiter-Beziehungen" (Theorie Etablierte-Außenseiter 1976/2002), das der Buchausgabe vorangestellt wurde.

Die Konstellation in der Gemeinde sei kurz erläutert: In Winston Parva gab es zum Zeitpunkt der Untersuchung Ende der 1950er Jahre drei Gruppen, die in verschiedenen Zonen wohnten. Die altansässigen Familien wohnten in Zone 1 und Zone 2, die sozial Verachteten in Zone 3, die abfällig als „Rattengasse" bezeichnet wurde. Die sozialen Unterschiede zwischen den beiden Hauptgruppen (Zone 2 und Zone 3) waren gering: Beide Gruppen bestanden aus Familien von Arbeiterinnen und Arbeitern. Die eher bürgerlichen Familien aus Zone 1 spielten in dem Konflikt nur eine geringe Rolle. Die Grenze verlief nicht entlang der Klassenunterschiede (zwischen Zone 1 und den beiden übrigen), sondern zwischen den *alten* und den *neuen* Familien. So bildete sich eine ‚Koalition' zwischen Zone 1 und 2 auf der einen Seite gegen Zone 3 auf der anderen Seite.

Das Verhältnis zwischen alten und neuen Familien ist für Elias und Scotson eine Grundfiguration menschlicher Beziehungen: „Man kann Varianten derselben Grundfiguration, Zusammenstöße zwischen Gruppen von Neuankömmlingen, Zuwanderern, Ausländern und Gruppen von Alteingesessenen überall auf der Welt entdecken" (Etablierte und Außenseiter 1965/2002, 247).

Der eine Teil der Etablierten-Außenseiter-Figuration in Winston Parva waren die *alten* Familien. Diese schlossen sich, so verfeindet sie untereinander auch (gewesen) sein mögen, gegen die neuen Familien zusammen. Sie hielten die neuen Familien auf Distanz, behandelten sie mit Verachtung und lehnten Kontaktversuche rigoros ab. Versuchte jemand, entgegen dem Tabu, Kontakt zu den Neuen aufzunehmen, wurde er oder sie durch Statusminderung sanktioniert. Es wurde versucht, die Neuankömmlinge von allen Möglichkeiten, die zu einem Machtzuwachs führen könnten, auszuschließen. Macht wurde monopolisiert; um ihren Erhalt wurde – gegebenenfalls auch mit Mitteln der üblen Nachrede und des Klatsches – gekämpft. Die sog. alten Familien bildeten dadurch, dass in ihrem Kreis eine bestimmte Hierarchie und Verhaltenscodes galten, eine Figuration. Ihre jeweiligen Codes erforderten ein hohes Maß an Selbstdisziplin und Gruppenzusammenhalt; die aus diesen Kontrollanstrengungen resultierenden Frustrationen wurden durch Macht- und Statusgewinne kompensiert. Denn die Einheimischen, die im Statusgefüge der Gesamtgesellschaft keineswegs zu den Etablierten gehörten, stiegen in der Figuration mit den Neuankömmlingen auf.

5.3 Etablierte und Außenseiter

Als länger ansässige und untereinander enger verbundene Gruppe nutzten sie Diffamierung und Abgrenzung, um die Neuankömmlinge auf Distanz zu halten und ihren eigenen Status abzusichern bzw. aufzuwerten. *Die Etablierten sicherten ihren Status durch Ausgrenzung der Außenseiter.*

Der andere Teil der Etablierten-Außenseiter-Figuration von Winston Parva waren die *Neuankömmlinge*. Diese waren im Gegensatz zu den Ansässigen keine Gruppe mit einem Wir-Gefühl; sie kamen aus unterschiedlichen Regionen nach Winston Parva und bildeten untereinander keine Gemeinschaft. Zu Beginn ihrer Ansiedelung in Winston Parva waren sie entwurzelte Menschen. In den Augen der Einheimischen fügten sie sich nicht genügend ein. Mit der Zeit verinnerlichten die Neuankömmlinge das schlechte Image, das ihnen die Etablierten aufdrückten; sie blieben Außenseiter und nahmen sich selbst als Außenseiter wahr. Ein Teil der Jugendlichen wurde sozial auffällig oder delinquent. Nachdem einige der sog. Problemfamilien Winston Parva verlassen hatten, ging die relativ hohe Delinquenz-Rate in Zone 3 (die ursprünglich den Anstoß zu der Untersuchung gegeben hatte), zurück. Ungeachtet dessen *hatten die Zuwanderer die negative Zuschreibung verinnerlicht.*

Das Zusammenspiel zweier spezifischer Zuschreibungsprozesse verstärkt das Machtgefälle zwischen den beiden Gruppen: das eine ist die Zuschreibung eines Gruppencharismas, das andere die Zuschreibung einer Gruppenschande. Das *Gruppencharisma* ist mit einem überhöhten, positiv besetzten Wir-Ideal verbunden: Die Mitglieder der betreffenden Gruppe halten sich für die besseren, zivilisierteren Menschen. Das negativ besetzte Pendant ist die *Gruppenschande*, ein Etikett, mit dem Außenseiterinnen und Außenseiter belegt werden und das häufig in deren eigene Selbstwahrnehmung einfließt. Wie in Abschnitt 4.3 erläutert, ist für Elias ein höheres Maß an Selbstkontrolle, der gesellschaftliche Zwang zum Selbstzwang, ein zentrales Merkmal des Zivilisationsprozesses: An den sog. alten Familien von Winston Parva lässt sich die Ambivalenz dieses Prozesses gut beobachten. Der Gruppenglaube der alten Familien war zu starr, als dass sie erkennen konnten und wollten, dass es sich bei der Mehrheit der Bewohnerinnen und Bewohner von Zone 3 – nicht anders als sie selbst es waren – um ruhige, mit sich selbst beschäftigte Leute handelte. Diese festgezurrte Meinung und das Beharrungsvermögen gegenüber anders lautenden Erfahrungen zeigen die andere Seite der Medaille, nämlich das verkrampfte Festhalten am Gruppencharisma.

In einer Passage im ‚Theoretischen Schluß' des Buches betonen Elias und Scotson nachdrücklich, dass sie mit ihrer Analyse auf keinen Fall eine Wertung vornehmen wollen und dass die Verhaltensweisen der Etablierten und der Außenseiter – soziologisch gesehen – nicht überraschen können:

„Diese Spannungen traten nicht auf, weil die eine Seite böse oder hochfahrend war und die andere nicht. Sie waren in dem Muster begründet, das sie miteinander bildeten. Hätte man die ‚Dörfler' gefragt, hätten sie vermutlich geantwortet, daß sie keine Neubausiedlung vor ihrer Haustür haben wollten; und hätte man die ‚Siedlungs'leute gefragt, hätte man wahrscheinlich zu hören bekommen, daß sie lieber anderswo wohnen wollten als neben einer solchen älteren Gemeinde. Einmal zusammengeworfen, waren sie in einer Konfliktsituation gefangen, die keine der beiden Seiten zu steuern vermochte und die man als solche verstehen muß, wenn man in anderen, ähnlichen Fällen eine bessere Lösung sucht. Die ‚Dörfler' behandelten die Neuankömmlinge natürlich so, wie sie Abweichler in ihrer eigenen Nachbarschaft zu behandeln pflegten. Und die Zuwanderer benahmen sich an ihrem neuen Wohnort ganz unschuldig so, wie es *ihnen* natürlich erschien. Sie waren sich nicht bewußt, daß sie dort auf eine etablierte Ordnung trafen, mit eingespielten Machtdifferentialen und einer festen Position der Kerngruppe tonangebender Familien. Für die meisten von ihnen war unbegreiflich, warum die Alteingesessenen ihnen mit Verachtung begegneten und sie auf Distanz hielten. Aber die Rolle einer niedrigeren Statusgruppe, in die sie versetzt wurden, und die unterschiedslose Diskriminierung aller Zuzügler in der ‚Siedlung' muß sie früh davon abgeschreckt haben, sich um engere Kontakte mit den älteren Einwohnern zu bemühen. Beide Seiten agierten in dieser Lage ohne viel Nachdenken in einer Weise, die man hätte voraussehen können. Einfach weil sie als Nachbarn interdependent wurden, trieben sie in eine Gegnerschaft hinein, ohne recht zu verstehen, was da geschah, und gewiß ohne eigenes Verschulden" (Etablierte und Außenseiter 1965/2002, 246f.; Hervorh. im Original).

Zur Statusideologie der alten Familien in Winston Parva gehörte es, sich als ordentlicher und sympathischer einzustufen als die Neuankömmlinge. Elias und Scotson stellen fest, dass die Standards der Selbstbeherrschung und Selbstkontrolle bei den Altansässigen höher waren als bei den Neuankömmlingen. Ein hohes Maß an gegenseitiger Kontrolle, Selbstkontrolle und Konformität war notwendig, um das Gruppencharisma (hier: die Zugehörigkeit zu den alten, respektablen Familien) aufrechtzuerhalten.

Zusammenfassend sei betont: In ihrer Untersuchung des sozialen Netzwerkes in Winston Parva stellten Elias und Scotson eine deutliche Hierarchie fest, eine Rangordnung der Familien. In dieser Figuration sind die Einheimischen die Etablierten und die Neuankömmlinge die Außenseiter. In diese Rollen können sie nur gelangen, weil sie gegenseitig voneinander abhängig sind: Die Neuen wollen ihre Situation verbessern, die Alten ihre erhalten. Die Altansässigen sehen durch die Neuankömmlinge ihren Status und ihre Normen gefährdet. In Winston Parva gefährdeten die Neuankömmlinge den gerade erreichten sozialen Aufstieg eines Teils der dortigen Arbeiterklasse. Die alten, d.h. länger ansässigen Familien installierten folgende neue *Kriterien*, die über das Ansehen in der Gemeinde entschieden.

5.3 Etablierte und Außenseiter

Angesehen waren diejenigen Personen (vgl. Etablierte und Außenseiter 1965/2002, 218ff.),

- deren Familien schon mindestens zwei oder drei Generationen in der Gemeinde lebten, die also ein relativ hohes *soziologisches Alter* aufwiesen;
- die untereinander zusammenhielten oder sich zumindest zusammengehörig fühlten;
- die über stabile und verlässliche Verhaltensregeln verfügten (sog. *Kanonvererbung*);
- die ein höheres Maß an Selbstkontrolle, an Umsicht und Ordentlichkeit an den Tag legten, kurz: sich *zivilisierter* verhielten;
- die sich an die ungeschriebenen Gesetze, wie Vermeidung privater Kontakte zu den ‚Neuen', hielten und
- die eine gemeinsame Geschichte aneinander band oder auch aneinander kettete – in Freundschaft, aber durchaus auch in Feindschaft.

Diese „Dynamik der Rangeinstufung" (Etablierte und Außenseiter 1965/2002, 111) wird von den Beteiligten kaum erkannt. Die *tatsächlichen* Eigenschaften der Zugewanderten spielen nur eine untergeordnete Rolle; dies gilt auch und gerade für den Bereich der Beziehungen zwischen Menschen unterschiedlicher Hautfarbe oder unterschiedlicher ethnischer Herkunft:

„Was man ‚Rassenbeziehungen' nennt, sind also im Grunde Etablierten-Außenseiter-Beziehungen eines bestimmten Typs. Daß sich die Mitglieder der beiden Gruppen in ihrem körperlichen Aussehen unterscheiden oder daß eine von ihnen die Sprache, in der sie kommunizieren, mit einem anderen Akzent und anderer Flüssigkeit spricht, dient lediglich als ein verstärkendes Schibboleth [Erkennungswort; A.T.], das die Angehörigen der Außenseitergruppe leichter als solche kenntlich macht" (Theorie Etablierte-Außenseiter 1976/2002, 26).

Das Etablierten-Außenseiter-Modell wendet Elias sowohl auf die innergesellschaftliche als auch auf die zwischengesellschaftliche Ebene an; dies wurde und wird auch in der an Elias orientierten Forschung so praktiziert.[53] So kann man

---

[53] An die Arbeit von Hermann Korte über „Die etablierten Deutschen und ihre ausländischen Außenseiter" (Korte 1984) schlossen sich zahlreiche Arbeiten an, die das ‚Ausländerproblem' oder die Folgen von Migrationsprozessen in ähnlicher Weise als Etablierten-Außenseiter-Figuration verstanden (vgl. u.a. Eichener 1988; Treibel 2008 [1990]; Dangschat 2000; Gemende 2002; Juhasz/Mey 2003). Für die europäische und globale Ebene sei auf unterschiedliche Beiträge im Band über „Macht und Ohnmacht im neuen Europa. Zur Aktualität der Soziologie von Norbert Elias" (Nowotny/Taschwer 1993) hingewiesen.

das weltgesellschaftliche Staatensystem als Etablierten-Außenseiter-Figuration in großem Maßstab verstehen. Diese Figuration befindet sich permanent im Umbruch. Frühere Dichotomien und Muster der Ideologie-Produktion sind aufgebrochen und werden durch (scheinbar) neue überlagert: Nachdem der Ost-West-Konflikt entschärft worden ist, hat der Nord-Süd-Konflikt wieder an Brisanz gewonnen.

Ein zentrales Anwendungsfeld für die Etablierten-Außenseiter-Figuration ist die Migrationsforschung. Global betrachtet, gilt das Gefälle zwischen etablierteren und randständigen oder Außenseiter-Regionen als Hauptursache für Wanderungen. Allerdings greift es zu kurz, den Norden oder Westen als die Etablierten und den Süden bzw. Osten als die Außenseiter zu begreifen. Der Süden weist intern viele etablierte(re) Regionen auf, die Ziel von Arbeitsmigranten und Flüchtlingen werden. Nur ein Bruchteil der Migrantinnen und Migranten aus dem Süden geht in den Norden (vgl. hierzu Deutsche Gesellschaft für die Vereinten Nationen 2006; Treibel 2008).

Das Pendant zu der zwischenstaatlichen Ebene sind die innergesellschaftlichen Etablierten-Außenseiter-Figurationen, also die Etablierten-Außenseiter-Figurationen im kleineren Maßstab. Sie sind Folgeerscheinungen der Zuwanderung. Auch sie sind im Umbruch: In den Figurationen von Etablierten und Außenseitern sind Macht und Ohnmacht nicht mehr eindeutig verteilt, wie die Situation in Deutschland im Kontext der Wiedervereinigung zeigt. Viele Zuwanderinnen und Zuwanderer, die immer weniger bereit waren, das Etikett der ‚Gruppenschande' zu akzeptieren oder sich sogar gerade dazugehörig fühlten, mussten während und nach der Wiedervereinigung resignierend mit ansehen, wie sie aus dem ‚Wir' wieder ausgestoßen wurden, und viele Einheimische schlagen – buchstäblich in ohnmächtiger Wut – um sich, um ihre Zugehörigkeit zum einheimischen ‚Wir' (der sie sich nicht sicher sind) zu verteidigen. Die Figuration von Westdeutschen und Ostdeutschen nach der Wiedervereinigung illustrierte die Eliassche These, wonach Neuankömmlinge sich immer ‚hinten anstellen' müssen (vgl. Treibel 1999; hierzu auch Neckel 1997). Allerdings scheint es so, als würde das „verstärkende Schibboleth" (Theorie Etablierte-Außenseiter 1976/2002, 26) einer anderen Haut- oder Haarfarbe oder auch Staatsangehörigkeit zwischenzeitlich wieder mehr in den Vordergrund gedrängt. Die ‚Reihenfolge' der Ankunft, das soziologische Alter, wird dann zugunsten ethnischer Merkmale bzw. rassistischer Argumentationen außer Kraft gesetzt.

Die gegenwärtige Diskussion um die starke Zuwanderung von Deutschen nach Österreich und die deutschsprachige Schweiz wird häufig unter dem Stichwort der ‚Überfremdung' geführt.[54] Eine erste figurationssoziologische Deutung sei hier vorgestellt. Man könnte vermuten, dass die sprachliche und kulturelle Ähnlichkeit der Angehörigen des sog. deutschsprachigen Raums den Zugewanderten einen Startvorteil verschafft. Dies sehen jedoch manche der einheimischen Schweizer und Österreicher anders. Sie als Etablierte, so die These im Anschluss an Elias, empfinden es als beunruhigend, dass das ‚verstärkende Schibboleth' nicht greift. Die deutschen Zuwanderer verhalten sich nicht so, wie es Neuankömmlingen geziemt, nämlich bescheiden und zurückhaltend. Vielmehr, so eine häufige Wahrnehmung, fühlen sie sich gleich wie zu Hause und finden es normal, dass z.B. hochdeutsch gesprochen wird. Belegen sie allerdings Kurse in Schwyzerdütsch, laufen sie Gefahr, damit als ‚typisch deutsch' im Sinne von übereifrig und überangepasst zu gelten.

---

54 Die Schweizerische Boulevard-Zeitung BLICK startete im Februar 2007 mit einer Serie ‚Wie viele Deutsche verträgt die Schweiz'? (vgl. http://www.blick.ch/news/schweiz/deutsche/artikel 56129; Zugriff am 28.6.08). Im Jahr 2006 stellten die Deutschen nach den Italienern, Serben und Portugiesen mit 11,4% bzw. 172.580 Personen die viertgrößte ausländische Bevölkerungsgruppe in der Schweiz (vgl. http://www.focus-migration.de/Einzelansichten.1316.0.html.; Zugriff am 28.6.08).

6 Soziale Prozesse

6.1 Ungeplante und langfristige Prozesse

Die Eliassche Soziologie ist wesentlich auf den Begriff des „Prozesses" gestützt.[55] Elias betrachtet gesellschaftliche *und* individuelle Wandlungen gleichermaßen als Prozess und er verdeutlicht dies in einer wichtigen Passage in „Was ist Soziologie?", in der es um die Entwicklung des Begriffs des Individuums geht:

> „Es ist ... nicht unberechtigt, wenn man unter einem Individuum einen Menschen versteht, der sich wandelt, der nicht nur, wie man das manchmal ausdrückt, einen Prozeß durchläuft; das ist eine der Redewendungen nach dem Muster der zuvor erwähnten: ‚Der Fluß fließt', ‚der Wind weht'. Obgleich es zunächst den herkömmlichen Sprach- und Denkgewohnheiten zuwiderläuft, ist es viel sachgerechter, wenn man sagt, der Mensch ist ständig in Bewegung; er durchläuft nicht nur einen Prozeß, er *ist* ein Prozeß. Er entwickelt sich. Und wenn wir von einer Entwicklung sprechen, dann meinen wir die immanente Ordnung der kontinuierlichen Abfolge, in der jeweils eine spätere Gestalt aus der früheren, in der etwa Jugend aus der Kindheit, Erwachsensein aus der Jugend ohne Unterbrechung hervorgeht. Der Mensch *ist* ein Prozeß" (Soziologie 1970/2006, 155; Hervorh. im Original).

Gesellschaften und die sie bildenden Individuen – und eben der Mensch selbst – sind für Elias prozesshaft und nicht statisch. Deshalb plädiert er für einen Wechsel von einer Zustands- zu einer Prozess-Soziologie. Soziale Prozesse werden von Elias nie unabhängig von individuellen Handlungen betrachtet; sie sind langfristige, mindestens drei Generationen umfassende Wandlungen von Figurationen: „Aus dieser ständigen Verflechtung ergeben sich immer wieder langfristige Veränderungen des gesellschaftlichen Zusammenlebens der Menschen, die kein Mensch geplant und wohl auch niemand vorausgesehen hat" (Prozesse 1986/2006, 109). Was Elias unter Langfristigkeit versteht, legt er in diesem Zusammenhang auch fest: Langfristig sind „gewöhnlich nicht weniger als drei Generationen umfassende Wandlungen" (ebd.; s. auch Abschnitt 5.1).

---

[55] Eine Studentin in einer meiner Lehrveranstaltungen an der Pädagogischen Hochschule Karlsruhe brachte dies einmal auf die prägnante Formel: „Elias, der Prozess-Fan".

Wiederum ist hier der Leitgedanke der *immanenten Ordnung des Wandels* präsent. Den Menschen selbst als Prozess zu betrachten, läuft der Alltagswahrnehmung, wonach man mit mehr oder weniger ‚fertigen' bzw. gefestigten Personen zu tun hat, zuwider. Demgegenüber verankert Elias den Prozessgedanken im Menschen selbst, um zu betonen, dass Wandlungen dem Menschen nicht äußerlich sind, sondern untrennbar zu ihm dazugehören. Der Mensch als Prozess ist die konsequente Zuspitzung der Eliasschen Kritik am sog. *homo clausus*, die er an zahlreichen Stellen seines Werks vorgebracht hat (vgl. Über den Prozeß 1939/1997, 57ff.). Mit dem ‚homo clausus' ist die verbreitete Vorstellung eines isolierten und isolierbaren Menschen verbunden, ein „wirloses Ich", in dessen ‚Kern' die eigentliche Persönlichkeit ruhe, die von der übrigen Gesellschaft als getrennt betrachtet werden könne:

> „Offenbar dienen diese räumlichen Metaphern, mit denen der Mensch sich selbst eine unnachweisbare räumliche Position im Innern eines Gehäuses zuschreibt, das in irgendeinem Sinne ja schließlich auch er selbst sein muß und das nicht leicht nachweisbar ist, dem Ausdruck eines außerordentlich starken, immer wiederkehrenden Empfindens von Menschen" (Soziologie 1970/2006, 156f.).

Eine solche Trennung von Innen und Außen, von Individuum und Gesellschaft macht es uns, so Elias, offensichtlich leichter, uns selbst innerhalb und gleichzeitig außerhalb der Gesellschaft zu sehen. Das Bild vom ‚homo clausus', das im Alltag und auch in vielen Wissenschaften weit verbreitet (gewesen) sei, ersetzt Elias durch den Verflechtungs- und Prozessgedanken. In dieser Vorstellung wird jeder einzelne Mensch als gesellschaftliches Wesen betrachtet. Jeder Mensch steht unter dem Einfluss von anderen und beeinflusst selbst andere Menschen:

> „Der einzelne Mensch ist, um es schlagwortartig zu sagen, beides: Münze und Prägestock zugleich. Die Prägestockfunktion des einen mag größer sein als die von anderen, er ist immer zugleich auch Münze. Und noch der gesellschaftlich Schwächste hat seinen Anteil an der Prägung und der Bindung von anderen Angehörigen seines Verbandes, gering, wie er sein mag" (Gesellschaft der Individuen 1987/2001, 84).

In seinem ausführlichen Artikel über „soziale Prozesse" (Prozesse 1986/2006) hat Elias die wesentlichen Aspekte zusammengefasst und sich dagegen verwahrt, dass sich Gesellschaften zwangsläufig in eine bestimmte Richtung entwickeln:

> „Große Verwirrung ist dadurch entstanden, daß man der sozialen Entwicklung eine gleichsam magische Notwendigkeit des *Fortschritts* zugeschrieben hat. Man kann gut und gerne davon reden, daß die Menschheit im Laufe ihrer Entwicklung in manchen Bereichen Fortschritte gemacht hat. Sie lassen sich gewöhnlich anhand handfester Kriterien nachweisen. Die Vorstellung eines allseitigen Fortschritts dagegen

ist ein Mythos, besonders wenn sich damit das Bild eines Endzustands der sozialen Entwicklung verbindet. Es gehört zu den Eigentümlichkeiten sozialer Prozesse, daß sie wohl Richtungen haben, aber, wie die Natur, weder Zweck noch Ziel. Diese können Menschen möglicherweise erreichen, falls sie sich einmal als Menschheit über sie einig werden" (Prozesse 1986/2006, 111; Hervorh. im Original).

In der alltäglichen Wahrnehmung gibt es ein starkes Bedürfnis, gesellschaftliche Prozesse und insbesondere Konflikte auf bestimmte Ursachen oder noch besser: Verursacher zurückzuführen. Elias gesteht dieses menschliche Bedürfnis als ‚normal' zu, hält als Theoretiker jedoch mit seiner Auffassung dagegen, dass die menschlichen Verflechtungen zu komplex sind, als dass sich eine solche Zuschreibung vornehmen ließe. Im zweiten Band des Zivilisationsbuches äußert er sich ausführlich dazu, dass es auch für den Zivilisationsprozess keine ‚Urheber' und keine ‚Ursprünge' gibt (vgl. Über den Prozeß 1939/1997, II, 404-407). Wir können in keinem Fall sagen, so Elias, *wann* genau *wer* mit etwas angefangen hat.

„Das Ineinanderwirken der geplanten Handlungsvollzüge vieler Menschen resultiert in einer Entwicklung der von ihnen miteinander gebildeten gesellschaftlichen Einheiten, die von keinem der sie mit herbeiführenden Menschen geplant ist. Aber die derart miteinander verbundenen Menschen handeln absichtsvoll und gezielt immer von neuem aus von ihnen nicht geplanten Entwicklungsgängen heraus und in sie hinein. Das Prozessmodell, das ich im Auge habe, enthält als sein Kernstück eine dialektische Bewegung zwischen beabsichtigten und unbeabsichtigten sozialen Veränderungen" (Eltern 1980/2006, 32).

Im Folgenden wird *ein* sozialer Prozess, mit dem Elias sich vor allem in der „Gesellschaft der Individuen" (1987/2001) beschäftigt hat, näher betrachtet: der Individualisierungs-Prozess. Dieser stellt eine klassische soziologische Thematik dar, die von Elias in einer charakteristischen Weise angegangen wird. Stärker als andere Soziologen betrachtet er die Loslösung von Individuen aus althergebrachten Bindungen als ein Austarieren von individuellen und kollektiven Orientierungen.

6.2 Individualisierung als Ich-Wir-Balance

Die These von einer fortschreitenden Individualisierung gehört zu den Grundgedanken der Soziologie. Unter den Klassikern verweisen insbesondere Georg Simmel und Ferdinand Tönnies darauf, dass alte Gemeinschaftsbindungen zerfallen. Positionsrekrutierungen erfolgen anhand erworbener, nicht anhand zugeschriebener Merkmale. ‚Individualisierte', moderne Menschen sind weniger von

Verwandtschaftsbeziehungen abhängig und weniger einer sozialen Kontrolle unterworfen. Ohne Individualisierungen ist sozialer Wandel überhaupt nicht denkbar. Dieser Prozess erfährt einen intensiven Schub am Ende des 19. und zum Beginn des 20. Jahrhunderts.

Individualisierungen hat es schon immer gegeben: Einzelpersonen oder Gruppen haben sich aus den Kontexten, in die sie hineingeboren wurden, gelöst und haben einen eigenen, ‚individuellen' Weg eingeschlagen. Vermutlich haben sie sich dann auch als relativ autonome Individuen wahrgenommen. Das heißt, dass wir uns auch sog. traditionale bzw. weniger zivilisierte Gesellschaften nicht so vorstellen sollten, als würde der Mensch als Einzelwesen dort nichts gegolten haben. Er oder sie galt etwas, aber primär aufgrund bestimmter Zugehörigkeiten wie Geschlecht, Kaste, Religion u.ä. Individualisierung war und ist gleichbedeutend mit einer relativ starken Loslösung aus dem Kollektiv oder aus Kollektiven. Heute ist vor allem das Ausmaß an Individualisierung anders: Es nimmt in moderneren Gesellschaften tendenziell zu.[56]

Auch für Elias gibt es keinen absoluten Neubeginn, keinen Zeitpunkt, vor dem es keine und nach dem es nur noch Individualisierungen gibt. Individualisierungen sind für ihn notwendige Bestandteile eines *jeden* Zivilisationsprozesses. Jedoch kann man insbesondere für gegenwärtige Gesellschaften von spezifischen Individualisierungs*schüben* sprechen – bis hin zu einer „Massenindividualisierung", ein scheinbar in sich widersprüchlicher Begriff:

> „Das Individuum ist ein Name mit einer Nummer, ein Steuerzahler oder je nachdem auch ein Hilfe und Schutz suchender Mensch, dem die Staatsbehörden Erfüllung gewähren müssen oder verweigern können. Aber obgleich der Staatsapparat auf diese Weise den einzelnen Menschen in ein Regelnetz einbettet, das im großen und ganzen für alle Staatsbürger gleich ist, sind es eben doch nicht die Menschen als Schwestern oder Onkel, als Mitglieder eines Familienverbandes oder einer der anderen vorstaatlichen Integrationsformen, auf deren staatsbürgerliche Rechte und Pflichten sich die Organisation eines neuzeitlichen Staates bezieht, sondern die Menschen als Einzelne, als Individuen. Auf der bisher letzten Stufe der Entwicklung trägt der Prozeß der Staatsbildung das Seine zu einem Schub der *Massenindividualisierung* bei" (Gesellschaft der Individuen 1987/2001, 242; Hervorh. A.T.).

---

56 Zum Begriff und zur Theoriegeschichte von ‚Individualisierung' gibt es umfangreiche Fachliteratur. Als Initialzündung für die neuere Diskussion gelten die Arbeiten von Elisabeth Beck-Gernsheim und Ulrich Beck in den 1980er Jahren (vgl. Beck-Gernsheim 1983, Beck 1986 und Beck 2002). Zum Vergleich von Beck und Elias vgl. Treibel 1996; für eine Aufarbeitung von Begrifflichkeit und Theorien vgl. Schroer 2001.

6.2 Individualisierung als Ich-Wir-Balance

Ein Individualisierungsschub ist nach Elias grundsätzlich durch folgende Merkmale gekennzeichnet:

- die Menschen sind in höherem Maße zur Selbstregulierung imstande;
- sie sind mobiler;
- ihre Entscheidungsmöglichkeiten und Spielräume vergrößern sich;
- andererseits sind sie in weit höherem Maße auf sich gestellt, treten aus Schutzverbänden heraus;
- die Entwicklung der Ich-Identität wird gestärkt, die der Wir-Identität geschwächt;
- viele Wir-Beziehungen (also Partnerschaften, Freundschaften) sind auswechselbar und freiwillig (vgl. Gesellschaft der Individuen 1987/2001, 166ff.).

Für die Menschen heutiger Gesellschaften gibt es einen ‚Zwang zur Individualisierung'. Für die Menschen früherer Gesellschaften war dies in der *mehrheitlichen Tendenz* nicht der Fall, wie Elias am Beispiel der Kunst illustriert:

„Solche Probleme [sich als individueller Künstler mit Originalitätsanspruch durchzusetzen; A.T.] haben afrikanische Handwerker nicht. Ihre Hand wird von ihrer Tradition geleitet und gehalten. Ihr Ehrgeiz ist es nicht, eine Form und ein Muster zu schaffen, die sich von denen, die andere zuvor geschaffen haben, unterscheiden, sondern eher, mit besonderer Fertigkeit und Perfektion die gleiche Form und das gleiche Muster zu schaffen wie ihre Vorfahren und Meister. Das bedeutet nicht, daß es überhaupt keinen Spielraum für individuelle Variationen gibt, und gewiß nicht, daß es keinen Sinn für die Leistung einzelner gibt. Jedoch besteht die Leistung nicht darin, seine eigene, einzigartige Persönlichkeit durch seine Werke unter Beweis zu stellen und zu repräsentieren; statt dessen besteht sie in der Perfektion der traditionellen, paradigmatischen Form, die normalerweise feste emotionale Wurzeln in den rituellen Assoziationen und Erfahrungen der Gemeinschaft hat" (Ausstellung 1970/2006, 142f.).

Gegenwärtig wird diese Verschiedenheit selbst immer mehr zu einer sozialen Norm, zu einem Wert an sich. Das neue Ich-Ideal ist mit einem *Zwang zur Individualität* verbunden. Gleichwohl hat der gesellschaftliche Konformitäts-Druck nicht oder nur wenig nachgelassen. Der Wunsch, nicht aufzufallen, kollidiert mit dem Wunsch, etwas Besonderes zu sein.

Die Eliassche Figurations-Konzeption (s. Abschnitt 5.1) verbietet es, von isolierten, ausschließlich ich-bezogenen Menschen auszugehen. Elias betont die Unverzichtbarkeit von Wir-Gefühlen: Seine übergeordnete Perspektive ist auch hier wieder die Vorstellung einer Balance – hier der Balance zwischen ‚Ich' und ‚Wir'. Die problematischen Begleiterscheinungen der Individualisierung sind für ihn eng an diesen Balance-Akt gebunden. Im historischen Rückblick stellt Elias fest: „Mehr und mehr Menschen lebten in wachsender Abhängigkeit voneinander, während jeder Einzelne zugleich verschiedener von allen anderen wurde" (Gesellschaft der Individuen 1987/2001, 185). So sind Gesichter von Menschen, wie Elias sehr anschaulich erläutert, scheinbar ein rein ‚äußerliches' und doch ein zutiefst soziales Phänomen (vgl. Gesellschaft der Individuen 1987/2001, 261f.).

Das Spannungsverhältnis zwischen Wir-Gefühlen und Ich-Idealen nennt Elias die *Wir-Ich-Balance*. Diese hat er in einem seiner späteren Aufsätze mit dem Titel „Wandlungen der Wir-Ich-Balance" untersucht. Dieser Aufsatz wurde in der „Gesellschaft der Individuen" (Gesellschaft der Individuen 1987/2001) erstmalig veröffentlicht. In diesem Buch ist auch ein Beitrag aus dem Jahr 1939 enthalten, den Elias als die theoretisch orientierte Fortsetzung von ‚Über den Prozeß der Zivilisation' bezeichnet hat – die titelgebende Untersuchung „Die Gesellschaft der Individuen".

Die Formulierung „Gesellschaft der Individuen" ist Programm für die neuere Eliassche Figurations- und Prozesssoziologie. Im Gegensatz etwa zu individualistischen Ansätzen, die – wenn überhaupt – von ‚Mensch *und* Gesellschaft' sprechen, ansonsten aber ‚die Gesellschaft' vernachlässigen oder im Gegensatz zu makrotheoretischen Ansätzen, die nur von ‚Gesellschaft' sprechen, als handele es sich um ein menschenloses Gebilde, macht Elias die enge Verflechtung der beiden deutlich. Gesellschaft ist ohne Individuen nicht denkbar:

„ ... das, was hier als ‚Verflechtung' bezeichnet wird, und damit das ganze Verhältnis von Individuum und Gesellschaft, kann niemals verständlich werden, solange man sich, wie es heute oft der Fall ist, die ‚Gesellschaft' im wesentlichen als eine Gesellschaft von Erwachsenen vorstellt, von ‚fertigen' Individuen, die niemals Kinder waren und niemals sterben. Eine wirkliche Klarheit über das Verhältnis von Individuum und Gesellschaft vermag man erst dann zu gewinnen, wenn man das beständige Werden von Individuen inmitten einer Gesellschaft, wenn man den Individualisierungsprozeß in die Theorie der Gesellschaft mit einbezieht" (Gesellschaft der Individuen 1987/2001, 46).

Heute ist die Wir-Ich-Balance *tendenziell* zu einer *Ich-Wir-Balance* geworden, die Balance hat sich zugunsten des Ichs verlagert: das ‚moderne Selbst' (vgl. Kuzmics 1989 und 1990) muss und will viele Entscheidungen selbst treffen. Diesem modernen Selbst wird von Kulturkritikerinnen und -kritikern häufig vorgeworfen, oberflächlich, egoistisch und hedonistisch (am Genuss orientiert) zu sein, also zu sehr dem Ich-Ideal, einer verantwortungslosen Selbstverwirklichung zu huldigen. Elias selbst wie auch Helmut Kuzmics weisen auf den Preis der Ich-Wir-Balance hin. Moderne, individualisierte Menschen sind in zahlreiche neue Zwänge verstrickt, sind nur scheinbar freier und zwangloser als frühere Menschen:

6.2 Individualisierung als Ich-Wir-Balance

„Der gegenwärtige Prozeß der Informalisierung macht es dem einzelnen schwer, zu gut begründeten Entscheidungen in den sozialen Verkehrsformen zu kommen (es gibt hier heute große Unsicherheiten – wie redet man z.b. korrekt seine Ex-Schwiegermutter an?). Es gibt wohl keine Regel, aber ein Problem (= Fremdzwang) – das gilt generell auch für ökonomische und andere Situationen der Unsicherheit. Wenn Hedonismus und Liberalität oft mit dem Fehlen klarer Regeln assoziiert werden, die Ansprüche und Wünsche begrenzen ..., so bedeutet die Abwesenheit von Regeln noch nicht die Abwesenheit von (Fremd-)Zwängen" (Kuzmics 1990: 246).

Elias führt die Vereinsamungs- und Entwurzelungs-Tendenzen vieler Menschen darauf zurück, dass neue Wir-Identitäten (die ‚wir' nun einmal brauchen) noch nicht gefunden seien. Wir-Identitäten sind nicht so ohne weiteres austauschbar. Elias' Konzept der Wir-Ich-Balance und sein Blick auf innergesellschaftliche Unstimmigkeiten trägt den Ambivalenzen der Individualisierung Rechnung:

„Und das eigentümliche Kreuzgeflecht von Unabhängigkeit und Abhängigkeit, von der Notwendigkeit und der Möglichkeit, für sich selbst und allein zu entscheiden, und der Unmöglichkeit, für sich selbst und allein zu entscheiden, von Selbstverantwortlichkeit und Gehorsam, kann erhebliche Spannungen hervorrufen. Hand in Hand mit dem Wunsch, etwas ganz für sich zu sein, dem die Gesellschaft der anderen als etwas Äußeres und Behinderndes gegenübertritt, geht oft der Wunsch, ganz innerhalb seiner Gesellschaft zu stehen" (Gesellschaft der Individuen 1987/2001, 204).

Wie steht es heute um die Individualisierung? Schlägt das ‚Pendel' zurück? Manche Studien weisen darauf hin, dass in Zeiten sozioökonomischer Krisen und prekärer Lebenslagen manche Menschen sich Individualisierung nicht ‚leisten können' und gerade die Verankerung in Kollektiven ihnen Stabilität und Sicherheit verleiht. Dies zeigt u.a. die Studie zur Medienkompetenz von Migrantenjugendlichen türkischer und russlanddeutscher Herkunft:

„Medienkompetenzen an der Hauptschule – dies ist kein Widerspruch, sondern eine sachliche Notwendigkeit. Spätestens im Kontext der Abschlussprüfung wird ein bestimmtes Maß an Medienkompetenz verlangt. Angesichts der im Vergleich schlecht ausgestatteten Familien der Hauptschülerinnen und Hauptschüler und des offensichtlich nicht verlässlichen Engagements der Schulen bzw. Lehrkräfte werden die Jugendlichen erfinderisch und entwickeln eigene Strategien, um den Anforderungen nachzukommen. Sie greifen dabei auf familiäre Unterstützungsnetzwerke und auf öffentliche Angebote zurück. Ein Engagement über die Anforderungen hinaus wird dabei nicht entwickelt. Ein ‚eigenes', individualisiertes Leben wird nicht forciert, sondern eine abwartende Haltung aufgebaut. Im Sinne der gesellschaftlichen Kontextbedingungen von Massenarbeitslosigkeit, Ausgrenzungserfahrungen und mangelnden Zukunftsoptionen ist ein solches Verhalten durchaus rational. Es ist vernünftig, die Messlatte nicht zu hoch zu hängen, um die Diskrepanz zwischen den eigenen Wünschen und deren Realisierung nicht zu schmerzlich zu empfinden" (Treibel 2006b, 229).

Und selbst auf der ‚anderen Seite' des sozialen Spektrums zeigt sich, dass selbst Personen, die als hoch individualisiert gelten, ohne gemeinschaftliche Bindungen nicht auskommen. Eine Lebenswelt-Studie zur sog. digitalen Bohème, die unter dem Titel „Wir nennen es Arbeit" (Friebe/Lobo 2006) erschienen ist, suggeriert zunächst ein Bild von lockeren, global vernetzten, durch ihre soziale Herkunft privilegierten und geschützten jungen Leuten, die frei und ungebunden leben. Bei näherem Hinsehen tauchen auch hier Kollektive, und zwar „neue Kollektive" auf. Sie sind unter Umständen weniger stabil als die ‚alten Kollektive' im Fall der oben beschriebenen Migrantenjugendlichen, aber nicht weniger verbindlich:

> „An den unzähligen Enden des Rattenschwanzes werden sich Kristallisationspunkte für neue Gemeinschaften bilden, die nicht mehr durch Zugehörigkeit zu einem Unternehmen oder Berufsstand, Nachbarschaft oder Blutsverwandtschaft determiniert sind, sondern durch Freundschaft, Neigung und gemeinsame Interessen. Es werden keine reinen Konsumgemeinschaften sein, sondern Netzwerke frei assoziierter Prosumenten. Auch wenn sie nur über begrenzte Zeiträume stabil sein mögen, sind sie doch von einer hohen Verbindlichkeit gekennzeichnet" (Friebe/Lobo 2006, 277).

Heutige Menschen, so betont Elias, verfügen tendenziell über ein hohes Maß an Selbstkontrolle, aber nicht über die Gesamtkontrolle. Vieles entzieht sich ihrem Einfluss – dies gilt durchaus auch für Soziologen und Soziologinnen. „Bei steigender Bewußtheit der Undurchschaubarkeit ... der gesellschaftlichen Netzwerke" (Soziologie 1970/2006, 89) kann man sich niemals sicher sein, dass ein einmal eingeschlagener Weg der gesellschaftlichen Entwicklung beibehalten wird.

Diese Grundauffassung zieht sich bis heute durch die Figurations- und Prozesstheorie hindurch. Eine Bewegung, etwa zunehmende Differenzierung, wird stets im Zusammenhang mit ihrer Gegenbewegung, also wachsender Integration, gesehen. Die beiden Prozesse gelten keineswegs als widersprüchlich, sondern als zusammengehörig: Entwicklung vollzieht sich in Pendelbewegungen. Dass Fortschritte, etwa in der Gleichstellung von Frauen gegenüber Männern, jedoch völlig zunichte gemacht werden können und ‚vergessen' werden, ist für Prozesssoziologen gleichwohl schwer vorstellbar.

7 Aktualität und Weiterentwicklung der Soziologie von Norbert Elias

Elias ist ein Soziologe, der sich um eine universale Sozialwissenschaft – in seinen Worten: Menschenwissenschaft – bemüht hat. Die Fächergrenzen scheren ihn wenig; ganz im Gegenteil hat er sich bemüht, diese Grenzen zu sprengen und gleichzeitig den Sozialwissenschaften zu einem höheren Renommee zu verhelfen. Dies zeigen die zahlreichen Inhalte, Verfahren und Fragestellungen, die er aus Geschichte, Psychoanalyse, Psychologie, Medizin und den Naturwissenschaften bezieht. Trotz der breiten Verzweigungen führt Elias die Stränge immer wieder zusammen und diskutiert seine Themen entlang der Leitmotive, wie sie in Abschnitt 2.1 skizziert wurden.

Sein Ringen um eine Balance zwischen Fremd- und Selbstzwang, zwischen Prägung und Entscheidungsmöglichkeiten schlägt sich bis in seine biografischen Äußerungen nieder:

„Man muß ... unterscheiden zwischen den Einflüssen, die die eigene Persönlichkeit gestaltet haben, die man als Gegebenheit hinnehmen muß; z.B. daß ich in einer jüdischen Familie aufwuchs, hat meine Persönlichkeit geformt, und das ist eine Gegebenheit, die sich nicht verleugnen läßt. Aber ich kann meine eigene Entscheidung darüber treffen, daß meine Identifizierung auf die Menschheit gerichtet ist, nicht auf eine ihrer verschiedenen Untergruppen" (Engler-Gespräch 1989/2006, 384).

Dieser Interview-Auszug gibt auch Auskunft über die – wie man heute sagen würde – globale Perspektive von Elias. Gruppeninteressen, seien sie von kleinen sozialen Gruppen innerhalb von Gesellschaften vorgebracht, seien sie nationale Interessen, sind ihm suspekt. Seine „Identifizierung auf die Menschheit" (ebd.) hin ist für einen jüdischen Wissenschaftler, der persönlich und wissenschaftlich mit den Verwerfungen des 20. Jahrhunderts eng verknüpft war[57] und nach außen hin aus ihnen relativ unbeschadet hervorging, eine gleichermaßen nahe liegende

---

57 In der neueren Monografie des Historikers Abraham Ascher (2007) über das Breslauer Judentum in der Zeit des Nationalsozialismus wird über das Schicksal der Familie Elias berichtet.

wie beeindruckende Haltung. Sie bestätigt die Einschätzung, dass Elias die Haltung eines „optimistischen Realismus" (Kuzmics 2007, 62ff.) einnimmt. Nun ist Elias aufgrund dieser Haltung nicht als Globalisierungstheoretiker neuen Zuschnitts zu begreifen. Im besten aufklärerischen Sinne geht es ihm um nichts weniger als um die *Menschheit*. Auch aus dieser Warte betrachtet, ist die Bezeichnung *Menschenwissenschaftler* stimmig. Die Ordnung ist ihm wichtig – grundsätzlich, nicht nur in Bezug auf die *Ordnung des Wandels*. Dies wird bei einem Gespräch mit Hans-Peter Waldhoff aus dem Jahr 1983, das im Zeichen der Aufrüstung bzw. Friedensbewegung stand, auch in emotionaler Hinsicht sehr deutlich. Überdies verrät die Schlusswendung des folgenden Ausschnitts die biografische Fundierung seines *Engagements für Distanzierung* durch den Nationalsozialismus:

> „Bei den Menschenwissenschaften, bei den Sozialwissenschaften, und das bekümmert mich aufs tiefste – was ist in Unordnung mit den Menschenwissenschaften? Und da wurde mir ganz klar, daß, was in Unordnung ist, [ist,] daß Sozialwissenschaftler wie das Publikum der Gesamtgesellschaft auch glauben, gesellschaftliche Vorgänge könne man am besten mit einem großen Ausmaß an Engagement, nicht mit einem kühlen Kopf, sondern je größer das Engagement, um so besser könnte man die gesellschaftlichen Probleme bewältigen. Nun heute, wo uns ein Atomkrieg bedroht, kann ich nur sagen, es ist gefährlich, nicht aus klarem Wissen zu handeln, sondern sich von Angst und Gefühlsbefriedigungen bei der Politik leiten zu lassen. Gefühlspolitik ist ein großes Übel. Hitler ist ein Beispiel, ein Monsterbeispiel, für die Beherrschung der Gedanken durch die Gefühlspolitik. Das also war eine der engagierten Triebfedern, die mich zu diesem Problem hindrängte" (Waldhoff-Gespräch 1983/2005, 169f.; Einfügung durch die Herausgeber).

Eindeutig stärker als Jürgen Habermas, Pierre Bourdieu oder Zygmunt Bauman versucht Elias, sich aus den ideologischen und parteigebundenen Kämpfen herauszuhalten:

> „Die Zivilisations- und Staatsbildungstheorie, die Symboltheorie des Wissens und der Wissenschaften und im weiteren Sinne die Prozeß- und Figurationstheorie, um deren Ausarbeitung ich mich bemüht habe, sind weder marxistisch noch liberal, weder sozialistisch noch konservativ. Mir erschienen die versteckten Parteidoktrinen, die verschleierten sozialen Ideale im wissenschaftlichen Gewande nicht nur als Fälschungen, sondern auch als unfruchtbar. Das war – und ist – sicherlich einer der Gründe für die Rezeptionsschwierigkeiten dieser Theorie und der Bücher, in denen sie enthalten ist" (Lebenslauf 1984/2005, 74).

Diese „Rezeptionsschwierigkeiten" bestehen heute nicht mehr. Elias hat sich als Klassiker durchgesetzt. Es fällt jedoch auf, dass zahlreiche Texte und Überlegungen von Elias vergleichsweise wenig rezipiert sind: Dies gilt für die ‚Studien über die Deutschen' ebenso wie für die Fußballstudien oder die ‚Symboltheorie'. Die Bekanntheit und der Bestseller-Status der Bände zum Zivilisationsprozess scheinen (bislang) für weitere Rezeptionsstränge keinen Raum zu lassen.[58]

Diese ‚Fixierung' auf die Zivilisationstheorie mag ihre Ursache auch darin haben, dass diese im Vergleich die größte Dramatik und die meisten Emotionen auslöst. Zahlreiche Rezipienten[59] ‚reiben' sich an den Grundprämissen der Zivilisationstheorie; sie sehen eher die zahlreichen *Dezivilisierungs*schübe als die *Zivilisierungs*schübe. Peter Gleichmann formuliert die noch nicht gelösten und möglicherweise gar nicht lösbaren Fragen in einem nachdenklichen Beitrag über „Gewalttätige Menschen. Die dünne Schale ihrer Zivilisierung und ihre vielen ambivalenten Auswege" (Gleichmann 2006, 345ff). Über die langfristige Tragfähigkeit des Zivilisationsgedankens als Menschheitskonzept ist noch nicht entschieden. Hier sind jedoch stets die politischen Wünsche und Vorstellungen von Menschen miteinbezogen. Von dieser Warte aus steht die grundsätzliche Zuversicht von Elias unter Legitimationszwang – möglicherweise auch deshalb, weil ihm sein Engagement für politische Distanz verübelt wird.

Dabei ist sein politisches Statement in dem letzten von ihm publizierten Text „Furcht vor dem Tod" unverkennbar aktuell. Sein Plädoyer geht zwar nicht in Richtung eines (partei-) politischen Engagements, zielt jedoch kritisch auf globale Verantwortung, die er nicht eingelöst sieht:

„In vielen Hinsichten sind die Menschen gewöhnliche Säugetiere. Aber sie sind Säugetiere, die die Frucht vom Baum der Erkenntnis gegessen haben. Die Menschen sind die einzigen Lebewesen, die wissen, daß sie am Ende sterben werden. (…) Der vielleicht wichtigste Aspekt unserer Einzigartigkeit ist, daß wir Wissen von einer Generation an die nächste weitergeben können. (…) Den größeren Teil der Erde haben wir in einer Weise umgestaltet, zu der kein anderes Tier in der Lage ist. Als Gesellschaften haben wir in der Tat heute eine beherrschende Position auf diesem Planeten erreicht, allerdings ohne die Verantwortung zu übernehmen, die mit dieser beherrschenden Position einhergeht" (Furcht vor dem Tod 1990/2006, 395f.).

---

58 In einer breiteren Öffentlichkeit gibt es durchaus weitere ‚Bestseller' von Elias. So zählt das Mozart-Buch (Mozart 1991/2005) zu den meistverkauften Büchern von Elias, und zwar national wie international (Hinweis von Hermann Korte an die Verfasserin).
59 Unter den prominenten Soziologen sei hier vor allem der schon erwähnte Zygmunt Bauman genannt. Das große Spektrum der Diskussion über die – oder *überhaupt eine* – Zivilisationstheorie, die seit Elias' Tod in zahlreichen sozialwissenschaftlichen Disziplinen geführt wird und sich in den vergangenen Jahren der Terror-Politik und der Anti-Terror-Politik nochmals intensiviert hat, kann hier nicht ausgebreitet werden.

Eine Prognose sei gewagt: Zwischen denjenigen, die Zerstörung, Krisen, (Gewalt-) Exzesse und Verrohung der Sitten beklagen und denjenigen, die immer wieder überrascht konstatieren, wie viele Konflikte ganz selbstverständlich gelöst werden, wird es vermutlich nicht zu einer Einigung kommen. In den ‚großen' politischen Diskursen wird Elias also weiter umstritten bleiben und man darf auf die zukünftigen Debatten über Zivilisierung und Dezivilisierung gespannt sein.

Die Tragfähigkeit der Grundgedanken der Zivilisations-, Figurations- und Prozesstheorie wird jedoch auch im sozialwissenschaftlichen Alltagsgeschäft erprobt und hier geht es weniger kontrovers zu. Die Resonanz ist dort am größten, wo Wissenschaftler sich mit ‚undramatischen' Prozessen und kulturellen Interaktionen beschäftigen. So ist für den Kulturwissenschaftler Florian Coulmas der Rekurs auf Elias unabdingbar, wenn er den Wandel der Benimmregeln und gleichzeitig die Beharrungskraft der Geschlechternormen[60] im heutigen Japan untersucht (vgl. Coulmas 2005). Eine intensive Umsetzung der Begrifflichkeit und Thesen von Elias betreibt der Soziologe Jean-Claude Kaufmann in seinen zahlreichen empirischen Studien (vgl. z.B. Kaufmann 1996).

Nach Phasen der ‚Lockerheit' und geringeren Regelhaftigkeit, wie in Abschnitt 4.3 bereits angedeutet, leben wir offenbar heute in Zeiten der *Formalisierung*, in denen wir wieder ‚auf die Form achten'. Hauptindikator hierfür ist die seit Jahren zu beobachtende Renaissance von Verhaltensregeln und modernen Benimmbüchern, sei es als kulturvergleichender Essay in den „Manieren" von Asfa-Wossen Asserate (2003) oder als Benimmbücher für Kinder wie im Beispiel des Buches „Ist pupsen peinlich?" (Hille/Schäfer/Stachuletz 2006).

Ein Gegenbeleg, so könnte man einwenden, ist die öffentliche Verhandlung von intimen Gefühlen, sexuellen Praktiken bis hin zu Misshandlungen vor Fernsehkameras. In zahlreichen Fernsehsendungen zerren Menschen ihre Partnerschaftskonflikte an das Licht der Öffentlichkeit und scheinen dies als weder unangemessen noch peinlich zu empfinden. Aus meiner Sicht greift es jedoch zu kurz, diese Entwicklung als Ende der Schamhaftigkeit und ungezügelte Enthemmung zu begreifen. Denn die Gefühle werden nicht tatsächlich in der Öffentlichkeit, also auf der Straße, in der Schule, im Betrieb oder an der Hochschule geäußert, sondern – so meine These – in eine *Seitenkulisse der Öffentlichkeit* verlagert. Gleichwohl bleibt, gesamtgesellschaftlich betrachtet, derjenige im Vorteil, „der seine Affekte zu dämpfen vermag" (Über den Prozeß 1939/1997, II, 332).

---

60 Nach Coulmas geben die im Vergleich starren Geschlechternormen Anlass, von einer „Asymmetrie der Geschlechter" in Japan zu sprechen: „Breiten Schichten der Gesellschaft gilt die Gleichbehandlung der Geschlechter nicht als Ideal" (Coulmas 2005, 55).

6.2 Individualisierung als Ich-Wir-Balance

Aber auch Elias ist sich über die Anstrengungen und die Risiken der Zivilisierung im Klaren. Das Risiko des Scheiterns bleibt eingebaut, wobei Elias in diesem Zusammenhang vor allem die psychische Apparatur im Blick hat:

> „Aber die Triebe, die leidenschaftlichen Affekte, die jetzt nicht mehr unmittelbar in den Beziehungen *zwischen* den Menschen zum Vorschein kommen dürfen, kämpfen nun oft genug nicht weniger heftig in dem Einzelnen gegen diesen überwachenden Teil seines Selbst. Und nicht immer findet dieses halb automatische Ringen des Menschen mit sich selbst eine glückliche Lösung; nicht immer führt die Selbstüberformung, die das Leben in dieser Gesellschaft erfordert, zu einem neuen Gleichgewicht des Triebhaushalts. Oft genug kommt es in ihrem Verlauf zu großen und kleinen Störungen, zu Revolten des einen Teils im Menschen gegen den anderen oder zu dauernden Verkümmerungen, die eine Bewältigung der gesellschaftlichen Funktionen nun erst recht erschweren oder verhindern" (Über den Prozeß 1939/1997, II, 341f.; Hervorh. im Original).

Die erwähnten medialen intimen Offenbarungen sind möglicherweise auch ein Ventil, das mehrere Funktionen erfüllt: Aus Sicht der Sender sorgt es angesichts des Enthüllungs- und Skandalcharakters für die gewünschte Zuschauer-Quote, und aus Sicht der Akteurinnen und Akteure ist es der Versuch, über öffentliche Prominenz und Anerkennung die private Situation zu stabilisieren – um den Preis zusätzlicher Dramatisierung. Im Übrigen wird das, was Menschen aus einem bürgerlich-arrivierten und um Zurückhaltung bemühten Milieu für ‚unzivilisiert' und ‚regellos' halten, für Menschen anderer Milieus durchaus bestimmten Regeln entsprechen und angemessen sein. Dort mag es als arrogant erscheinen, mit seinen Gefühlen hinter dem Berg zu halten und anderen etwas ‚vorzuspielen'. Was die einen für exaltiert und haltlos übertrieben halten, ist für die anderen authentisch und menschlich.

Die skizzierten Überlegungen zeigen die aktuelle Bedeutung der Eliasschen Soziologie und zugleich ihre Entwicklungsmöglichkeiten auf. So kommt Wouters in seinem Buch über *Informalisierung* (2007) zu folgendem Befund: Die Menschen der westlichen Gesellschaften sind heute weniger starr in ihrer Selbstregulierung. Es gab zwar, wie er anhand des Booms an Benimmbüchern in den USA, England, den Niederlanden und Deutschland in den 1980er und 1990er Jahren zeigt, einen Reformalisierungs-Schub, aber längerfristig herrschten Informalisierungsprozesse vor. In Anlehnung an die Arbeit von Waldhoff (1995) über die Sozio- und Psychogenese von Fremdheit konstatiert er, dass nicht mehr das Über-Ich, sondern das Ich ‚den Ton angebe'. Diesen Gedanken bündelt Wouters in dem Konzept einer „dritten Natur" (Wouters 2007: 212ff.), der den geläufigen Begriff der ‚zweiten Natur' erweitern soll. Menschen mit einer solchen ‚dritten Natur' steuern ihre Angriffslust oder weitere für ihre Mitmenschen potentiell schädlichen Emotionen nicht dadurch, dass sie diese verbannen oder unterdrücken. Vielmehr haben sie gelernt, reflexiv und flexibel damit umzugehen. Status- und Rangkämpfe agieren sie im Sport, in der Fantasie oder im Konsum von gewaltorientierten Filmen aus und tragen so auf der psychischen Ebene zur Umsetzung neuer sozialer Normen bei. Die zentrale Norm erkennt Wouters darin, Gefühle der Unter- bzw. Überlegenheit nicht (mehr) offensiv auszuleben, sondern auf Integration und Egalität zu achten.

In dem Grad ihres Optimismus, der über die grundlegende Zuversicht von Elias deutlich hinausgeht, ist diese Langfristperspektive sicherlich eine Ausnahme. Aber sie markiert eine wichtige Differenz zu anderen, in der Tonlage schärferen Gesellschaftsanalysen.

Die Studien in Anlehnung an Elias sind durch ‚Rückschläge' in der gesellschaftlichen Entwicklung kaum zu überraschen, da sie diese theoretisch bereits mitgedacht haben. Grundsätzlich jedoch sind sie von der Wandelbarkeit menschlicher Figurationen und von der Notwendigkeit der permanenten Abstimmung von Menschen untereinander überzeugt. Macht- und Anerkennungskämpfe sind keine Abweichung, sondern definitionsgemäß Bestandteil des sozialen Lebens. Die Intensität der Spannungen und Auseinandersetzungen ist von der aktuellen Dynamik der gesellschaftlichen Entwicklung und der Verfügung über Machtressourcen abhängig. Sie reicht von kriegerischen und gewaltsamen Auseinandersetzungen bis hin zu der Frage, welche soziale Gruppe über eine andere soziale Gruppe Witze machen ‚darf'. In dem Moment, wo etwa die Nachkommen der in Deutschland lebenden türkischen ‚Gastarbeiter' Witze über Deutsche machen, kann man davon ausgehen, dass aus den Gastarbeitern Einwanderer wurden und die Machtbalance sich zugunsten der bisherigen Außenseiter verschoben hat.

Die Figurations- und Prozesstheorie ist eine *Theorie der Machtbeziehungen*. Überraschenderweise ist Macht nicht unbedingt im politischen Raum angesiedelt. Vielmehr ist sie etwas ganz Alltägliches und zwar auf einer Ebene, auf der man Machtrelationen gar nicht vermuten würde. Das soziale Kraftfeld liegt nicht bei einzelnen Personen, sondern bei dem, was zwischen ihnen ist. Das, was Menschen mit- und gegeneinander tun, bringt die Gesellschaft voran und nicht das, was Menschen vermeintlich oder tatsächlich ‚sind'. Die Radikalität dieses Gedanken steht in einem eigentümlichen Spannungsverhältnis zu dem von Elias ständig betonten Balance-Gedanken. Gerade in seiner sehr spezifischen Sprache kommt dies zum Ausdruck: Er ist ein Meister der Relativierungen und gleichzeitig dadurch sehr eindringlich, dass er auf der kraftvollen Dynamik insistiert, die von Figurationen ausgeht.

Eine weitere Anknüpfung und Weiterentwicklung sei abschließend kurz benannt: Elias wäre sicherlich von der derzeitigen Rezeption der Hirnforschung (vgl. stellvertretend Roth 2003) nicht überrascht gewesen und hätte sich, anders als es viele Sozialwissenschaftler und Sozialwissenschaftlerinnen derzeit tun, interessiert an der Debatte beteiligt. In einem seiner letzten Vorträge äußert sich Elias zu der ‚uralten', jedoch keineswegs abgeschlossenen Debatte über Natur und Kultur (s. Kap. 3). Die folgende Passage liest sich wie eine vorweggenommene Stellungnahme zur neueren Lerntheorie:

> „Oberflächlich betrachtet ist die alte Natur-Kultur-Kontroverse seit mindestens dreißig Jahren tot und begraben. Aber unter der Asche schwelt das Feuer weiter, unterhalten durch die analytische Leidenschaft, als unzusammenhängend zu präsentieren, was in Wirklichkeit in sich zusammenhängt, und als unabhängig, was sich in gegenseitiger Abhängigkeit befindet. So wird Wissen, ja alles, was vom Menschen durch Lernen erworben wird, weithin als Nicht-Natur, wenn nicht gar als *Anti-Natur* angesehen. Natur wird gleichgesetzt mit Unveränderlichem und Angeborenem und damit konzeptuell von dem getrennt, was veränderlich und gelernt ist. Und was veränderlich und gelernt ist, wird als Kultur, Gesellschaft oder in anderen Begriffen dessen klassifiziert, was als nicht-naturhaft angesehen wird. Doch wie können Menschen überhaupt etwas lernen, wenn sie nicht durch die Natur, also biologisch, dafür ausgestattet wären?" (Emotionen 1990/2006, 362f.; Hervorh. im Original).

Die Menschenwissenschaft von Norbert Elias ist derzeit so anschlussfähig wie selten zuvor. Sie öffnet den Blick über die Fachgrenzen der Soziologie hinweg und ist doch soziologisch einschlägig. Eine solche Soziologie kann helfen, die vielfach geforderte interdisziplinäre Flexibilität aufzubauen; und sie hilft, sich in den ganz alltäglichen Verstrickungen des menschlichen Zusammenlebens nicht zu verlieren. Die Arbeitsinstrumente der Eliasschen Soziologie tragen zu einem besseren Verständnis der gesellschaftlichen Zusammenhänge und insbesondere der Integration historischer, individueller und sozialer Aspekte bei. Wir wissen dann nicht, ob etwas gut oder schlecht ist – aber wir wissen, wie es dazu gekommen ist und sehen mit größerer Gelassenheit und Nachsicht auf uns selbst.

8 Literaturverzeichnis

8.1 Schriften von Norbert Elias[61]

Vom Sehen in der Natur (Erstveröffentlichung 1921). In: Frühschriften 2002, 9-28 (*Sehen in der Natur 1921/2002*)
Beitrag zur Diskussion über Karl Mannheim ‚Die Bedeutung der Konkurrenz im Gebiete des Geistigen' (Erstveröffentlichung 1929). In: Frühschriften 2002, 107-110 (*Beitrag zu Mannheim 1929/2002*)
Beitrag zur Diskussion über Richard Thurnwald ‚Die Anfänge der Kunst' (Erstveröffentlichung 1929). In: Frühschriften 2002, 111-116 (*Beitrag zu Thurnwald 1929/2002*)
Zur Soziologie des Antisemitismus (Erstveröffentlichung 1929). In: Frühschriften 2002, 117-126 (*Antisemitismus 1929/2002*)
Über den Prozeß der Zivilisation. Sozio- und psychogenetische Untersuchungen. 2 Bde. Frankfurt/M.: Suhrkamp 1997 (Erstausgabe Basel 1939; um eine Einleitung erweiterte Ausgabe Bern 1969) (Gesammelte Schriften, Bde. 3.1 und 3.2; bearb. v. Heike Hammer) (*Über den Prozeß I, II 1939/1997*)
Blick auf das Leben eines Ritters (Erstveröffentlichung 1947). In: Aufsätze I 2006, 7-21 (*Ritterleben 1947/2006*)
Die höfische Gesellschaft. Untersuchungen zur Soziologie des Königtums und der höfischen Aristokratie. Frankfurt/M.: Suhrkamp 2002 (Erstausgabe 1969) (Gesammelte Schriften, Bd. 2; bearb. v. Claudia Opitz) (*Höfische Gesellschaft 1969/2002*)
Auszüge aus dem Katalog zur Ausstellung ‚Afrikanische Kunst' (Erstveröffentlichung 1970). In: Aufsätze I 2006, 131-170 (*Ausstellung 1970/2006*)
Gespräch mit Johan Goudsblom (engl. Erstveröffentlichung 1970). In: Autobiographisches 2005, 97-112 (*Goudsblom-Gespräch 1970/2005*)
Was ist Soziologie? Frankfurt/M.: Suhrkamp 2006 (Gesammelte Schriften, Bd. 5; bearb. v. Annette Treibel) (Erstausgabe 1970) (*Soziologie 1970/2006*)
Wissenssoziologie: Neue Perspektiven (Erstveröffentlichung 1971). In: Aufsätze I 2006, 219-286 (*Wissenssoziologie 1971/2006*)
Soziologie und Psychiatrie (Erstveröffentlichung 1972). In: Aufsätze I 2006, 287-330 (*Psychiatrie 1972/2006*)
Auf dem Weg zu einer Theorie der Gemeinschaften (Erstveröffentlichung 1974). In: Aufsätze I 2006, 436-490 (*Gemeinschaften 1974/2006*)
Auf dem Weg zu einer Theorie der Wissenschaften (Erstveröffentlichung 1974). In: Aufsätze I 2006, 402-435 (*Wissenschaften 1974/2006*)

---

61 Die Schriften von Elias wurden nach dem Jahr der Erstpublikation chronologisch geordnet.

Stufen der Entwicklung der afrikanischen Kunst in sozialer und visueller Hinsicht (Erstveröffentlichung 1974/1975). In: Aufsätze I 2006, 171-218 (*Afrikanische Kunst 1974/5; 2006*)
Zur Theorie von Etablierten-Außenseiter-Beziehungen (niederländ. Erstveröffentlichung 1976). In: Etablierte und Außenseiter (m. John L. Scotson) 1965/2002, 7-56 (*Theorie Etablierte- Außenseiter 1976/2002*)
Adorno-Rede: Respekt und Kritik (Erstveröffentlichung 1977; s. Reden Adorno-Preis 1977). In: Aufsätze I 2006, 491-508 (*Adorno-Rede 1977/2006*)
Drake und Doughty: Die Entwicklung eines Konflikts (niederländ. Erstveröffentlichung 1977). In: Aufsätze I 2006, 561-590 (*Drake und Doughty 1977/2006*)
Zur Grundlegung einer Theorie sozialer Prozesse (Erstveröffentlichung 1977). In: Aufsätze I 2006, 509-560 (*Theorie sozialer Prozesse 1977/2006*)
Die Zivilisierung der Eltern (Erstveröffentlichung 1980). In: Aufsätze II 2006, 7-44 (*Eltern 1980/2006*)
Über die Einsamkeit der Sterbenden in unseren Tagen (Erstausgabe 1982). In: Sterbende; Conditio 2002, 9-68 (*Einsamkeit 1982/2002*)
‚Soziologie in Gefahr'. Plädoyer für die Neuorientierung einer Wissenschaft (Erstveröffentlichung 1982). In: Aufsätze II 2006, 232-242 (*Soziologie in Gefahr 1982/2006*)
Engagement und Distanzierung. Arbeiten zur Wissenssoziologie I. Hg. und übersetzt v. Michael Schröter. Frankfurt/M.: Suhrkamp 2003 (Erstausgabe 1983) (Gesammelte Schriften, Bd. 8; bearb. v. Johan Heilbron) (*Engagement und Distanzierung 1983/ 2003*)
Der Fußballsport im Prozeß der Zivilisation (Erstveröffentlichung 1983). In: Aufsätze II 2006, 360-374) (*Fußballsport 1983/2006*)
L'espace privé – ‚Privatraum' oder ‚privater Raum'? (Erstveröffentlichung 1983). In: Aufsätze II 2006, 345-359 (*Raum 1983/2006*)
Über den Rückzug der Soziologen auf die Gegenwart, I (Erstveröffentlichung 1983). In: Aufsätze II 2006, 389-408 (*Rückzug Gegenwart I 1983/2006*)
‚Eine Balance zwischen engagierten und distanzierten Haltungen.' Gespräch mit Hans-Peter Waldhoff (Rundfunk-Ausstrahlung 1983). In: Autobiographisches 2005, 166-175 (*Waldhoff-Gespräch 1983/2005*)
Notizen zum Lebenslauf. In: Autobiographisches 2005 (Erstveröffentlichung 1984), 9-94 (*Lebenslauf 1984/2005*)
Wissen und Macht. Interview von Peter Ludes (Erstveröffentlichung): In: Autobiographisches 2005, 279-344 (*Ludes-Interview 1984/2005*)
Biographisches Interview mit Norbert Elias. Interview von Arend-Jan Heerma van Voss und Abram van Stolk (niederländ. Erstveröffentlichung 1984). In: Autobiographisches 2005, 189-278 (*van Voss/van Stolk-Interview 1984/2005*)
Über die Zeit. Arbeiten zur Wissenssoziologie II. Hg. v. Michael Schröter. Frankfurt/M.: Suhrkamp (Erstausgabe 1984) (Gesammelte Schriften, Bd. 9; bearb. v. Johan Heilbron) (*Zeit 1984/2004*)
Wissenschaft oder Wissenschaften? Beitrag zu einer Diskussion mit wirklichkeitsblinden Philosophen (Erstveröffentlichung 1985). In: Aufsätze III 2006, 60-93 (*Wissenschaft oder Wissenschaften 1985/2006*)
Figuration. In: Grundbegriffe 1986/2006, 100-103 (*Figuration 1986/2006*)

Figuration, sozialer Prozeß und Zivilisation: Grundbegriffe der Soziologie (Erstveröffentlichung 1986). In: Aufsätze III 2006, 100-117 (*Grundbegriffe 1986/2006*)
Wandlungen der Machtbalance zwischen den Geschlechtern: Eine prozesssoziologische Untersuchung am Beispiel des antiken Römerstaats (Erstveröffentlichung 1986). In: Aufsätze III 2006, 139-181 (*Machtbalance Geschlechter 1986/2006*)
Über die Natur (Erstveröffentlichung 1986). In: Aufsätze III 2006, 118-138 (*Natur 1986/2006*)
Prozesse, soziale. In: Grundbegriffe 1986/2006, 104-111 (*Prozesse 1986/2006*)
Technisierung und Zivilisation. Beitrag für den Deutschen Soziologentag am 30. September 1986. In: Aufsätze III 2006, 182-238 (*Technisierung 1986/2006*)
Zivilisation. In: Grundbegriffe 1986/2006, 112-117 (*Zivilisation 1986/2006*)
Sport und Gewalt (Erstveröffentlichung 1986). In: Sport und Spannung 2003, 273-315 (*Sport und Gewalt 1986/2003*)
Die Gesellschaft der Individuen. Hg. v. Michael Schröter. Frankfurt/M.: Suhrkamp 2001 (Erstausgabe 1987) (Gesammelte Schriften, Bd. 10; bearb. v. Annette Treibel) (*Gesellschaft der Individuen 1987/2001*)
Über den Rückzug der Soziologen auf die Gegenwart, II (Erstveröffentlichung 1987). In: Aufsätze III 2006, 297-333 (*Rückzug Gegenwart II 1987/2006*)
Vorwort zu Bram van Stolks/Cas Wouters': Frauen im Zwiespalt: Beziehungsprobleme im Wohlfahrtsstaat (Erstveröffentlichung 1987). In: Aufsätze III 2006, 239-248 (*Vorwort van Stolk/Wouters 1987/2006*)
Antwort auf Hans Peter Duerr (Erstveröffentlichung 1988). In: Aufsätze III 2006, 334-341 (*Duerr-Antwort 1988/2006*)
‚Wir sind die späten Barbaren'. Interview von Nikolaus von Festenberg und Marion Schreiber (Erstveröffentlichung 1988). In: Autobiographisches 2005, 350-357 (*Späte Barbaren 1988/2005*)
‚Vielleicht habe ich etwas von dem gesagt, was eine Zukunft hat.' Gespräch mit Wolfgang Engler (Erstveröffentlichung 1989). In: Autobiographisches 2005, 367-388 (*Engler-Gespräch 1989/2005*)
Studien über die Deutschen. Machtkämpfe und Habitusentwicklung im 19. und 20. Jahrhundert. Hg. v. Michael Schröter. Frankfurt/M.: Suhrkamp 2005 (Erstausgabe 1989) (Gesammelte Schriften, Bd. 11; bearb. v. Nico Wilterdink) (*Studien Deutsche 1989/2005*)
Über Menschen und ihre Emotionen: Ein Beitrag zur Evolution der Gesellschaft (Erstveröffentlichung 1990): In: Aufsätze III 2006, 351-384 (*Emotionen 1990/2006*)
Furcht vor dem Tod (Erstveröffentlichung 1990). In: Aufsätze III 2006, 385-401 (*Furcht vor dem Tod 1990/2006*)
Mozart. Zur Soziologie eines Genies. Hg. von Michael Schröter. Frankfurt/M.: Suhrkamp 2005 (Erstausgabe 1991) (Gesammelte Schriften, Bd. 12; bearb. v. Reinhard Blomert) (*Mozart 1991/2005*)
Symboltheorie (engl. Erstausgabe 1991; hg. v. Richard Kilminster). Frankfurt/M.: Suhrkamp 2001 (Gesammelte Schriften, Bd. 13; bearb. v. Helmut Kuzmics) (*Symboltheorie 1991/2001*)
Frühschriften. Frankfurt/M.: Suhrkamp 2002 (Gesammelte Schriften, Bd. 1; bearb. v. Reinhard Blomert) (*Frühschriften 2002*)

Über die Einsamkeit der Sterbenden in unseren Tagen. Humana Conditio. Frankfurt/M.: Suhrkamp 2003 (Gesammelte Schriften, Bd. 6; bearb. v. Heike Hammer) (*Sterbende; Conditio 2003*)

Gedichte und Sprüche. Frankfurt/M.: Suhrkamp 2004 (Gesammelte Schriften, Bd. 18; bearb. v. Sandra Goetz) (*Gedichte 2004*)

Autobiographisches und Interviews. Frankfurt/M.: Suhrkamp 2005 (Gesammelte Schriften, Bd. 17; bearb. v. Hans-Peter Waldhoff und Michael Fischer) (*Autobiographisches 2005*)

Aufsätze und andere Schriften in drei Bänden. Frankfurt/M.: Suhrkamp 2006 (Gesammelte Schriften, Bde. 14-16; bearb. v. Heike Hammer) (*Aufsätze I, II, III 2006*)

8.2 Veröffentlichungen von Elias gemeinsam mit anderen Autoren

Elias, Norbert/Eric Dunning: Sport und Spannung im Prozeß der Zivilisation (engl. Originalausgabe 1986). Frankfurt/M.: Suhrkamp 2003 (Gesammelte Schriften, Bd. 7; bearb. v. Reinhard Blomert) (*Sport und Spannung 1986/2003*)

Elias, Norbert/Wolf Lepenies: Zwei Reden anlässlich der Verleihung des Theodor W. Adorno-Preises. Frankfurt/M.: Suhrkamp (*Reden Adorno-Preis 1977*)

Elias, Norbert/John L. Scotson: Etablierte und Außenseiter (engl. Erstausgabe 1965). Hg. u. übersetzt v. Michael Schröter. Frankfurt/M.: Suhrkamp 2002 (Gesammelte Schriften, Bd. 4; bearb. v. Nico Wilterdink) (*Etablierte und Außenseiter 1965/2002*)

8.3 Weitere Literatur und Sekundärliteratur

Alkemeyer, Thomas (2008): Fußball als Figurationsgeschehen. Über performative Gemeinschaften in modernen Gesellschaften. In: Klein/Meuser 2008, 87-111

Ascher, Abraham (2007): A Community under Siege. The Jews of Breslau under Nazism. Stanford California: Stanford University Press

Anders, Kenneth (2000): Die unvermeidliche Universalgeschichte. Studien über Norbert Elias und das Teleologieproblem. Opladen: Leske + Budrich (*Figurationen*; Bd. 3)

Asserate, Asfa-Wossen (2003): Manieren. Frankfurt/M.: Eichborn

Bartels, Hans-Peter (Hg.) (1995): Menschen in Figurationen. Ein Norbert-Elias-Lesebuch. Opladen: Leske + Budrich

Bauman, Zygmunt (1992): Dialektik der Ordnung: die Moderne und der Holocaust (engl. Erstveröffentlichung 1989). Hamburg: Hamburger Edition

Bauman, Zygmunt (2000): Vom Nutzen der Soziologie (engl. Erstveröffentlichung 1990). Frankfurt/M.: Suhrkamp

Baumgart, Ralf/Volker Eichener (1991): Norbert Elias zur Einführung. Hamburg: Junius

Beck, Ulrich (1986): Risikogesellschaft. Auf dem Weg in eine andere Moderne. Frankfurt/M.: Suhrkamp

8.3 Weitere Literatur und Sekundärliteratur

Beck-Gernsheim, Elisabeth (1983): Vom ‚Dasein für andere' zum Anspruch auf ein Stück ‚eigenes Leben' – Individualisierungsprozesse im weiblichen Lebenszusammenhang. In: *Soziale Welt*, Jg. 34, H. 3, 307-341
Blomert, Reinhard (1989): Psyche und Zivilisation. Zur theoretischen Konstruktion bei Norbert Elias. Münster: LIT (2. Aufl.) (*Zivilisationstheorie*; Bd. 3)
Blomert, Reinhard (1999): Intellektuelle im Aufbruch. Karl Mannheim, Alfred Weber, Norbert Elias und die Heidelberger Sozialwissenschaften der Zwischenkriegszeit. München: Hanser
Blomert, Reinhard/Helmut Kuzmics/Annette Treibel (Hg.) (1993): Transformationen des Wir-Gefühls. Studien zum nationalen Habitus. Frankfurt/M.: Suhrkamp
Bogner, Arthur (1991): Die Theorie des Zivilisationsprozesses als Modernisierungstheorie. In: Kuzmics/Mörth 1991, 33-58
Bourdieu, Pierre (1987): Die feinen Unterschiede. Kritik der gesellschaftlichen Urteilskraft (frz. Erstausgabe 1979). Frankfurt/M.: Suhrkamp
Burmann, Henriette (2000): Die kalkulierte Emotion der Geschlechterinszenierung. Galanterierituale nach deutschen Etikette-Büchern in soziohistorischer Perspektive. Konstanz: UVK
Coulmas, Floria (2005): Die Kultur Japans: Tradition und Moderne. München: Beck
Dangschat, Jens (2000): Integration – Eine Figuration voller Probleme. Warum die Integration von Migrant/Innen so schwierig ist. In: Klein/Treibel 2000, 185-208
Deutsche Gesellschaft für die Vereinten Nationen (2006): Migration in einer interdependenten Welt: neue Handlungsprinzipien. Bericht der Weltkommission für Internationale Migration. Dt. Ausg. Berlin
Duden. Die Grammatik. 7., völlig neu erarb. u. erw. Aufl. Mannheim u.a.: Dudenverlag 2005
Dunning, Eric/Patrick Murphy/Ian Waddington (eds.) (2002): Fighting Fans: Football Hooliganism as a World Phenomenon. Dublin: University College Dublin Press
Dunning, Eric/Kenneth Sheard (2005): Barbarians, gentlemen and players: A Sociological Study of the Development of Rugby Football. 2nd ed. London: Routledge
Duerr, Hans Peter (2002): Der Mythos vom Zivilisationsproz eß, Bd. 5. Die Tatsachen des Lebens. Frankfurt/M.: Suhrkamp
Eichener, Volker (1988): Ausländer im Wohnbereich. Theoretische Modelle, empirische Analysen und politisch-praktische Maßnahmenvorschläge zur Eingliederung einer gesellschaftlichen Außenseitergruppe. Regensburg: Transfer-Verlag (*Kölner Schriften zur Sozial- und Wirtschaftspolitik*; Bd. 8)
Endruweit, Günter/Gisela Trommsdorff (Hg.) (2002): Wörterbuch der Soziologie. 2., völlig neubearb. u. erw. Aufl. Stuttgart: Lucius & Lucius
Engler, Wolfgang: Gegenwartskapitalismus und Zivilisation. Fragen an Norbert Elias' Zivilisationstheorie. In: *Berliner Journal für Soziologie*, Jg. 7, H. 2/1997, 217-225
Ernst, Stefanie (1996): Machtbeziehungen zwischen den Geschlechtern. Wandlungen der Ehe im ‚Prozeß der Zivilisation'. Wiesbaden: Westdeutscher Verlag 1996
Ernst, Stefanie (1999): Geschlechterverhältnisse und Führungspositionen. Eine figurationssoziologische Analyse der Stereotypenkonstruktion. Opladen und Wiesbaden: Westdeutscher Verlag

Fisch, Jörg (1992): ‚Zivilisation, Kultur'. In: Hans-Otto Brunner/Werner Conze/Reinhart Koselleck (Hrsg.): Geschichtliche Grundbegriffe. Historisches Lexikon zur politisch-sozialen Sprache in Deutschland, Bd. 7. Stuttgart: Klett-Cotta, 679-774.

Fletcher, Jonathan (1997): Violence & Civilization. An Introduction to the Work of Norbert Elias. Cambridge: Polity Press

Foucault, Michel (1994): Das Subjekt und die Macht. In: Dreyfus, Hubert L./Paul Rabinow (Hg.) (1994): Jenseits von Strukturalismus und Hermeneutik (engl. Erstveröffentlichung 1982). Frankfurt/M.: Athenäum, 241-261

Friebe, Holm/Sascha Lobo (2006): Wir nennen es Arbeit. Die digitale Bohème oder: Intelligentes Leben jenseits der Festanstellung. München: Heyne

Fröhlich, Gerhard (1991): ‚Inseln zuverlässigen Wissens im Ozean menschlichen Nichtwissens'. Zur Theorie der Wissenschaften bei Norbert Elias. In: Kuzmics/Mörth 1991, 95-111

Fuchs-Heinritz, Werner/Alexandra König (Hg.) (2005): Pierre Bourdieu. Eine Einführung. Konstanz: UVK

Gaschke, Susanne (2008): Wenn kein Tabu mehr gilt. Die Untat von Amstetten verstört alle. An den normalen Horror haben wir uns längst gewöhnt. In: *Die Zeit* Nr. 20 v. 8.5.2008, S. 1

Geißler, Karlheinz A. (2007): Alles Espresso. Kleine Helden der Alltagsbeschleunigung. Stuttgart: S. Hirzel Verlag

Gemende, Marion (2002): Interkulturelle Zwischenwelten. Bewältigungsmuster des Migrationsprozesses bei MigrantInnen in den neuen Bundesländern. Weinheim, München: Juventa

Gleichmann, Peter (2006): Soziologie als Synthese. Zivilisationstheoretische Schriften über Architektur, Wissen und Gewalt. Hg. u. bearb. v. Hans-Peter Waldhoff. Wiesbaden: VS 2006 (*Figurationen*; Bd. 7)

Gleichmann, Peter/Johan Goudsblom/Hermann Korte (Hg.) (1979): Materialien zu Norbert Elias' Zivilisationstheorie. Frankfurt/M.: Suhrkamp

Gleichmann, Peter/Johan Goudsblom/Hermann Korte (Hg.) (1984): Macht und Zivilisation. Materialien zu Norbert Elias' Zivilisationstheorie 2. Frankfurt/M.: Suhrkamp

Goudsblom, Johan (1979): Soziologie auf der Waagschale (niederländ. Erstveröffentlichung 1974). Frankfurt/M.: Suhrkamp

Goudsblom, Johan (1995): Feuer und Zivilisation. Frankfurt/M.: Suhrkamp

Goudsblom/Stephen Mennell (eds.) (1998): The Norbert Elias Reader. A Biographical Selection. Oxford: Blackwell

Hackeschmidt, Jörg (1997): Von Kurt Blumenfeld zu Norbert Elias. Die Erfindung einer jüdischen Nation. Hamburg: Europäische Verlagsanstalt

Hammer, Heike (1997): Figuration, Zivilisation und Geschlecht. Eine Einführung in die Soziologie von Norbert Elias. In: Klein/Liebsch 1997, 39-76

Hanken, Caroline (1996): Vom König geküsst. Das Leben der grossen Mätressen (niederländ. Erstveröffentlichung 1996). Berlin: Berlin Verlag

Hille, Astrid/Dina Schäfer/Barbara Stachuletz (2006): Ist pupsen peinlich? Das kinderleichte Benimm-Buch. Freiburg/Brsg.: Velber (*Spielen & Lernen*, Bd. 11)

Hinz, Michael (2002): Der Zivilisationsprozess: Mythos oder Realität? Wissenschaftssoziologische Untersuchungen zur Elias-Duerr-Kontroverse. Opladen: Leske + Budrich (*Figurationen*; Bd. 4)

Huinink, Johannes (2005): BA-Studium Soziologie. Ein Lehrbuch. Reinbek: Rowohlt

Huntington, Samuel P. (1997): The clash of civilizations and the remaking of world order. New York: Simon & Schuster

Jäger, Thomas (2003): Frankreich – eine Privilegiengesellschaft. Wiesbaden: Deutscher Universitätsverlag

Juhasz, Anne/Eva Mey (2003): Die zweite Generation: Etablierte oder Außenseiter? Biographien von Jugendlichen ausländischer Herkunft. Wiesbaden: Westdeutscher Verlag

Junge, Matthias/Thomas Kron (Hg.) (2002): Zygmunt Bauman. Soziologie zwischen Postmoderne und Ethik. Opladen: Leske + Budrich

Kaldor, Mary (2007): Neue und alte Kriege. Organisierte Gewalt im Zeitalter der Globalisierung. Frankfurt/M.: Suhrkamp

Kant, Immanuel (1917)) : Idee zu einer allgemeinen Geschichte in weltbürgerlicher Absicht (Erstveröffentlichung 1784). Leipzig: Meiner

Kaufmann, Jean-Claude (1996): Frauenkörper – Männerblicke (frz. Erstveröffentlichung 1995). Konstanz: UVK (*édition discours* ; Bd. 10)

Klein, Gabriele (1992): Frauen Körper Tanz. Eine Zivilisationsgeschichte des Tanzes. Weinheim; Berlin 1992

Klein, Gabriele/Katharina Liebsch (Hg.) (1997): Zivilisierung des weiblichen Ich. Frankfurt/M.: Suhrkamp

Klein, Gabriele/Katharina Liebsch (2001): Egalisierung und Individualisierung. Zur Dynamik der Geschlechterbalancen bei Norbert Elias. In: Gudrun-Axeli Knapp/Angelika Wetterer (Hg.): Soziale Verortung der Geschlechter. Gesellschaftstheorie und feministische Kritik. Münster: Dampfboot, 225-255

Klein, Gabriele/Michael Meuser (Hg.) (2008): Ernste Spiele. Zur politischen Soziologie des Fußballs. Bielefeld: transcript

Klein, Gabriele/Annette Treibel (Hg.) (2000): Skepsis und Engagement. Festschrift für Hermann Korte. Münster; Hamburg: LIT

König, Oliver (1996): ‚Ein erratischer Block'. Interviews mit Frankfurter Hochschullehrern zu Norbert Elias. In: Rehberg 1996, 150-157

Korte, Hermann (1984): Die etablierten Deutschen und ihre ausländischen Außenseiter. In: Gleichmann u.a. 1984, 261-279

Korte, Hermann (Hg.) (1990): Gesellschaftliche Prozesse und individuelle Praxis. Bochumer Vorlesungen zu Norbert Elias' Zivilisationstheorie. Frankfurt/M.: Suhrkamp

Korte, Hermann (1997): Norbert Elias. Vom Werden eines Menschenwissenschaftlers (Erstausgabe 1988). Opladen: Leske + Budrich

Korte, Hermann (1999): Norbert Elias (1897-1990). In: Dirk Kaesler (Hg.) (1999): Klassiker der Soziologie. Bd. 1. Von Auguste Comte bis Norbert Elias. München: Beck, 315-333

Korte, Hermann (1993): Blicke auf ein langes Leben – Norbert Elias und die Zivilisationstheorie. Mit einem Vorwort von Hubert Christian Ehalt und einem Beitrag von Helga Nowotny. Wien: Picus

Korte, Hermann (2005): Norbert Elias in Breslau. Ein biographisches Fragment. In: ders.: Statik und Prozess. Essays. Wiesbaden: VS, 81-100

Korte, Hermann (2006): Geschichte der Soziologie. 8., überarb. Aufl. Wiesbaden: VS (*Einführungskurs Soziologie*)

van Krieken, Robert (1998): Norbert Elias. London; New York: Routledge

Kunze, Jan-Peter (2005): Das Geschlechterverhältnis als Machtprozess. Die Machtbalance der Geschlechter in Westdeutschland seit 1945. Wiesbaden: VS (*Figurationen*; Bd. 6)

Kuzmics, Helmut (1989): Der Preis der Zivilisation. Die Zwänge der Moderne im theoretischen Vergleich. Frankfurt/M.; New York: Campus

Kuzmics, Helmut (1990): Das ‚moderne Selbst' und der langfristige Prozeß der Zivilisation. In: Korte 1990, 216-255

Kuzmics, Helmut/Roland Axtmann (2000): Autorität, Staat und Nationalcharakter. Der Zivilisationsprozeß in Österreich und England 1700-1900. Opladen: Leske + Budrich (*Figurationen*; Bd. 2)

Kuzmics, Helmut/Ingo Mörth (Hg.) (1991): Der unendliche Prozeß der Zivilisation. Zur Kultursoziologie der Moderne nach Norbert Elias. Frankfurt/M.; New York: Campus

Kuzmics, Helmut (2007): Soziologie als Erzählung. Die Sprache der Soziologie in 'klassischen' Beispielen. In: Esterbauer, Reinhold/Elisabeth Pernkopf/Hans-Walter Ruckenbauer (Hg.) (2007): WortWechsel. Sprachprobleme in den Wissenschaften interdisziplinär auf den Begriff gebracht. Würzburg: Königshausen und Neumann, 52-71

Luhmann, Niklas (1992): Beobachtungen der Moderne. Opladen: Westdeutscher Verlag

Meleghy, Tamás/Hans-Jürgen Niedenzu (2001): Prozeß- und Figurationstheorie: Norbert Elias. In: Morel, Julius u.a. (Hg.) (2001): Soziologische Theorie: Abriß der Ansätze ihrer Hauptvertreter. 7. bearb. u. erw. Aufl. München: Oldenbourg, 190-217

Mennell, Stephen (1998): Norbert Elias. An Introduction. Dublin: University college Dublin Press

Mennell, Stephen/Johan Goudsblom (eds.) (1998): Norbert Elias on Civilization, Power, and Knowledge. Selected Writings. Chicago; London: University of Chicago Press

Mennell, Stephen/John Rundell (eds.) (1998): Classical Readings in Culture and Civilization. London: Routledge (*International Library of Sociology*)

Merz-Benz, Peter-Ulrich (1997): Ideologiekritik oder Entideologisierung der Gesellschaft. Karl Mannheim und Norbert Elias. In: *Berliner Journal für Soziologie*, Jg. 7, H. 2/1997, 183-196

Mikl-Horke, Gertraude (1989): Soziologie. Historischer Kontext und soziologische Theorie-Entwürfe. München, Wien: Oldenbourg

Moebius, Stephan/Lothar Peter (Hg.) (2004): Französische Soziologie der Gegenwart. Konstanz: UVK

Münkler, Herfried (2002): Die ‚neuen' Kriege. Hamburg: Rowohlt

Neckel, Sighard (1997): Etablierte und Außenseiter und das vereinigte Deutschland. Eine rekonstruktive Prozeßanalyse mit Elias und Simmel. In: *Berliner Journal für Soziologie*, Jg. 7, H. 2/1997, 205-215

Nowotny, Helga/Klaus Taschwer (Hg.) (1993): Macht und Ohnmacht im neuen Europa. Zur Aktualität der Soziologie von Norbert Elias. Wien: WUV

Oesterdieckhoff, Georg W. (2000): Zivilisation und Strukturgenese. Norbert Elias und Piaget im Vergleich. Frankfurt/M.: Suhrkamp

Opitz, Claudia (Hg.) (2005): Höfische Gesellschaft und Zivilisationsprozeß. Norbert Elias' Werk in kulturwissenschaftlicher Perspektive. Köln u.a.: Böhlau

Paul, Axel T. (2007): Die Gewalt der Scham. Elias, Duerr und das Problem der Historizität menschlicher Gefühle. In: *Mittelweg 26. Zeitschrift des Hamburger Instituts für Sozialforschung,* Jg. 16, H. 2, 77-99

Peukert, Detlev J.K. (1987): Die Weimarer Republik. Krisenjahre der klassischen Moderne. Frankfurt/M.: Suhrkamp

Rehberg, Karl-Siegbert (Hg.) (1996): Norbert Elias und die Menschenwissenschaften. Studien zur Entstehung und Wirkungsgeschichte seines Werkes. Frankfurt/M.: Suhrkamp

Reich, Kersten (2005): Systemisch-konstruktivistische Pädagogik. Einführung in Grundlagen einer interaktionistisch-konstruktivistischen Pädagogik. 5., völlig überarb. Aufl. Weinheim und Basel: Beltz

Reicher, Dieter (2003): Staat, Schafott und Schuldgefühl. Was Staatsaufbau und Todesstrafe miteinander zu tun haben. Opladen: Leske + Budrich (*Figurationen*; Bd. 5)

Richter, Rudolf (2005): Gesellschaft ohne Ort und Zeit. In: ders., Die Lebensstilgesellschaft. Wiesbaden: VS, 65-75

Rosemann, Lutz (2003): Die Zeit als Paradigma in der Wissenssoziologie von Norbert Elias. Münster u.a.: LIT (*Zivilisationstheorie*; Bd. 5)

Roth, Gerhard (2003): Fühlen, Denken, Handeln: wie das Gehirn unser Verhalten steuert. Frankfurt/M.: Suhrkamp

Rumpf, Horst (1991): Erasmus von Rotterdam. In: Scheuerl, Hans (Hg.) (1991): Klassiker der Pädagogik. Bd. 1 Von Erasmus von Rotterdam bis Herbert Spencer. München: Beck, 15-31

Salumets, Thomas (ed.) (2001): Norbert Elias and Human Interpendencies. Montreal et al.: McGill-Queen's University Press

Schäfers, Bernhard (1986): Grundbegriffe der Soziologie. Opladen: Leske + Budrich

Schnell, Rüdiger (Hg.) (2004): Zivilisationsprozesse. Zu Erziehungsschriften in der Vormoderne. Köln u.a.: Böhlau

Schroer, Markus (2001): Das Individuum der Gesellschaft. Synchrone und diachrone Theorieperspektiven. Frankfurt/M.: Suhrkamp

Schröter, Michael (1997): Erfahrungen mit Norbert Elias. Frankfurt/M.: Suhrkamp

Smith, Dennis (2000): The Prisoner and the Fisherman. A Comparison between Michel Foucault and Norbert Elias. In: Treibel u.a. 2000, 143-161

Smith, Dennis (2001): Norbert Elias and Modern Social Theory. London: SAGE

Smith, Dennis (2002): Die modernen Wurzeln von Baumans Postmoderne. In: Junge/ Kron 2002, 275-301

Sontheimer, Kurt: Ein Nicht-Postmoderner. Norbert Elias erhält den ersten europäischen Soziologiepreis. In: *Süddeutsche Zeitung* v. 21.6.1988, 11

Spengler, Oswald (1980): Der Untergang des Abendlandes: Umrisse einer Morphologie der Weltgeschichte (Erstveröffentlichung 1918/1922). München: Beck

van Stolk, Bram/Cas Wouters (1987): Frauen im Zwiespalt. Beziehungsprobleme im Wohlfahrtsstaat. Frankfurt/M.: Suhrkamp

Tietze, Nikola (2008): Zinedine Zidane. Dribbelkunst sub- und transnationaler Zugehörigkeit gegen nationalstaatliche Einheitsverteidigung. In: Klein/Meuser 2008, 59-85
Treibel, Annette (1990): Engagierte Frauen, distanzierte Männer? Anmerkungen zum Wissenschaftsbetrieb. In: Korte 1990, 179-196
Treibel, Annette (1993): Transformationen des Wir-Gefühls. Nationale und ethnische Zugehörigkeiten in Deutschland. In: Blomert u.a. 1993, 313-345
Treibel, Annette (1996): Norbert Elias und Ulrich Beck – Individualisierungsschübe im theoretischen Vergleich. In: Rehberg 1996, 424-433
Treibel, Annette (1997): Das Geschlechterverhältnis als Machtbalance. Figurationssoziologie im Kontext von Gleichstellungspolitik und Gleichheitsforderungen. In: Klein/Liebsch 1997, 306-336
Treibel, Annette (1999): Figurationen von Etablierten und Außenseitern im Vereinigungsprozeß. In: *Berliner Debatte INITIAL*, Jg. 10, 1999, H. 4/5, 151-156
Treibel, Annette (2006a): Einführung in soziologische Theorien der Gegenwart. 7., aktual. Aufl. Wiesbaden: VS (*Einführungskurs Soziologie*)
Treibel, Annette (2006b): Medienkompetenzen an der Hauptschule. Zur Relevanz von Migration, Gender und Individualisierung bei russlanddeutschen und türkischstämmigen Jugendlichen. In: Treibel, Annette/Maja S. Maier/Sven Kommer/Manuela Welzel (Hg.) (2006): Gender medienkompetent. Medienbildung in einer heterogenen Gesellschaft. Wiesbaden: VS, 209-233
Treibel, Annette (2008): Migration in modernen Gesellschaften. Soziale Folgen von Einwanderung, Flucht und Gastarbeit. Weinheim, München: Juventa (4. Aufl.) (*Grundlagentexte Soziologie*) [1. Aufl. 1990; 2., völlig überarb. Aufl. 1999]
Treibel, Annette/Helmut Kuzmics/Reinhard Blomert (Hg.) (2000): Zivilisationstheorie in der Bilanz. Beiträge zum 100. Geburtstag von Norbert Elias. Wiesbaden: VS
Waldhoff, Hans Peter (1995): Fremde und Zivilisierung. Wissenssoziologische Studien über das Verarbeiten von Gefühlen der Fremdheit. Probleme der modernen Peripherie-Zentrums-Migration am türkisch-deutschen Beispiel. Frankfurt/M.: Suhrkamp
Weber, Max (2002): Schriften 1894-1922. Ausgewählt von Dirk Kaesler. Stuttgart: Kröner
Weber, Max: Wissenschaft als Beruf (Erstveröffentlichung 1919). In: Weber 2002, 474-511 (Weber 1919/2002)
Weber, Max: Die drei reinen Typen der legalen Herrschaft (Erstveröffentlichung 1922). In: Weber 2002, 717-733 (Weber 1922/2002)
Wild, Reiner (1982): Literatur im Prozess der Zivilisation: Entwurf einer theoretischen Grundlegung der Literaturwissenschaft. Stuttgart: Metzler
von Wiese, Leopold (1965): Die Philosophie der persönlichen Fürwörter. Tübingen: Mohr
Wouters, Cas (1986): Informalisierung und Formalisierung der Geschlechterbeziehungen in den Niederlanden. In: *Kölner Zeitschrift für Soziologie und Sozialpsychologie*, Jg. 38, 1986, 510-528
Wouters, Cas (1997): Wandlungen der Lustbalance: Sexualität und Liebe seit der sexuellen Revolution. In: Klein/Liebsch 1997, 272-305
Wouters, Cas (1999): Informalisierung: Norbert Elias' Zivilisationstheorie und Zivilisationsprozesse im 20. Jahrhundert. Opladen und Wiesbaden: Westdeutscher Verlag (*Hagener Studientexte zur Soziologie*; Bd. 3)

Wouters, Cas (2004): Sex and Manners: Female Emancipation in the West, 1890-2000. London et al.: SAGE
Wouters, Cas (2007): Informalization. Manners & Emotions since 1890. London et al.: SAGE

8.4 Weitere Hinweise

Theory, Culture & Society, Vol. 12, No. 3, August 1995: Special Section on Norbert Elias
Berliner Journal für Soziologie, Jg. 7, 1997, H. 2: Figurationen – biographisch und systematisch. Norbert Elias zum 100. Geburtstag.
Buchreihe *Figurationen. Schriften zur Zivilisations- und Prozesstheorie* (Hg. v. Annette Treibel in Zusammenarbeit mit Helmut Kuzmics und Reinhard Blomert) im VS Verlag für Sozialwissenschaften
Seit 1994 erscheint der Informationsdienst der Elias-Stiftung, Amsterdam (mit Hinweisen auf Tagungen, Neuerscheinungen zur Theorie und Weiterentwicklung des Ansatzes von Norbert Elias): *Figurations. Newsletter of the Norbert Elias Foundation* (Herausgeber ist Stephen Mennell, University College Dublin; Bezug über Norbert Elias Foundation, J.J.Viottastraat 13, 1071 JM Amsterdam, Niederlande; elias@wxs.nl)

Theorie

Dirk Baecker (Hrsg.)
Schlüsselwerke der Systemtheorie
2005. 352 S. Geb. EUR 24,90
ISBN 978-3-531-14084-1

Ralf Dahrendorf
Homo Sociologicus
Ein Versuch zur Geschichte, Bedeutung und Kritik der Kategorie der sozialen Rolle
16. Aufl. 2006. 126 S. Br. EUR 14,90
ISBN 978-3-531-31122-7

Shmuel N. Eisenstadt
Die großen Revolutionen und die Kulturen der Moderne
2006. 250 S. Br. EUR 34,90
ISBN 978-3-531-14993-6

Shmuel N. Eisenstadt
Theorie und Moderne
Soziologische Essays
2006. 607 S. Geb. EUR 49,90
ISBN 978-3-531-14565-5

Axel Honneth / Institut für Sozialforschung (Hrsg.)
Schlüsseltexte der Kritischen Theorie
2006. 414 S. Geb. EUR 29,90
ISBN 978-3-531-14108-4

Niklas Luhmann
Beobachtungen der Moderne
2. Aufl. 2006. 220 S. Br. EUR 24,90
ISBN 978-3-531-32263-6

Uwe Schimank
Differenzierung und Integration der modernen Gesellschaft
Beiträge zur akteurzentrierten Differenzierungstheorie 1
2005. 297 S. Br. EUR 27,90
ISBN 978-3-531-14683-6

Uwe Schimank
Teilsystemische Autonomie und politische Gesellschaftssteuerung
Beiträge zur akteurzentrierten Differenzierungstheorie 2
2006. 307 S. Br. EUR 29,90
ISBN 978-3-531-14684-3

Ilja Srubar / Steven Vaitkus (Hrsg.)
Phänomenologie und soziale Wirklichkeit
Entwicklungen und Arbeitsweisen
2003. 240 S. Br. EUR 25,90
ISBN 978-3-8100-3415-1

Erhältlich im Buchhandel oder beim Verlag.
Änderungen vorbehalten. Stand: Januar 2008.

www.vs-verlag.de

VS VERLAG FÜR SOZIALWISSENSCHAFTEN

Abraham-Lincoln-Straße 46
65189 Wiesbaden
Tel. 0611.7878-722
Fax 0611.7878-400

MIX
Papier aus verantwortungsvollen Quellen
Paper from responsible sources
FSC® C105338

If you have any concerns about our products,
you can contact us on
ProductSafety@springernature.com

In case Publisher is established outside the EU,
the EU authorized representative is:
Springer Nature Customer Service Center GmbH
Europaplatz 3, 69115 Heidelberg, Germany

Printed by Libri Plureos GmbH
in Hamburg, Germany